新雅・名人館

孫中山
孫文

新雅文化事業有限公司
www.sunya.com.hk

新雅・名人館

國父　孫中山

編　　著：宋詒瑞
內文插圖：黃穗中
封面繪圖：歐陽智剛
策　　劃：甄艷慈
責任編輯：曹文姬
美術設計：何宙樺　李成宇
出　　版：新雅文化事業有限公司
　　　　　香港英皇道499號北角工業大廈18樓
　　　　　電話：（852）2138 7998
　　　　　傳真：（852）2597 4003
　　　　　網址：http://www.sunya.com.hk
　　　　　電郵：marketing@sunya.com.hk
發　　行：香港聯合書刊物流有限公司
　　　　　香港新界大埔汀麗路 36 號中華商務印刷大廈 3 字樓
　　　　　電話：（852）2150 2100
　　　　　傳真：（852）2407 3062
　　　　　電郵：info@suplogistics.com.hk
印　　刷：中華商務彩色印刷有限公司
　　　　　香港新界大埔汀麗路 36 號
版　　次：二〇一五年八月二版
　　　　　10 9 8 7 6 5 4 3 2 1

ISBN: 978-962-08-6386-8
© 2000, 2015 Sun Ya Publications (HK) Ltd.
18/F, North Point Industrial Building, 499 King's Road, Hong Kong
Published and printed in Hong Kong

孫中山先生是近代中國革命的偉大先行者，是為中國的獨立和自由奮鬥終身的偉大革命家。他領導中國人民艱苦奮鬥，推翻兩千多年的封建皇朝，建立民主共和國。他的豐功偉績光耀千古，永垂史冊。

孫中山誕生的年代，清政府腐敗，各國列強入侵，國家災難重重，人民生活在水深火熱之中。孫中山自幼看到家鄉農民的貧困、貪官污吏的橫行霸道，以及一些不合理的傳統習俗，便開始萌生了改造社會的思想。

少年孫中山有機會出國，接受西方教育。海外五年的生活和學習，開闊了他的眼界，豐富了他的民主思想和近代科學文化知識。對比國內情況，孫中山越來越感到改造中國的迫切性。

孫中山最初是由學醫行醫着手進行救國活動的。在此期間他結識了一些愛國青年知識分子，他們常在一起談論形勢，尋求救國真理。

起初，孫中山對清政府還抱有幻想，希望通過開明的政府上層人物，用改良的辦法來救國。

上書李鴻章失敗，使孫中山知道和平改良的路走不通，只有革命才是唯一出路。自此他全心全意投入革命。他高舉「顛覆滿清，建立民國」的火把，為苦難的中國人民指出方向。

廣州起義失敗，中國本土容不得孫中山，他被迫在海外流亡十六年，也為革命奔波了十六年——宣傳革命思想，建立革命組織，募集革命經費，學習研究各國革命經驗，並結合中國實際創立了「三民主義」的民主革命綱領。

孫中山是位堅韌不拔的革命家。四十年的革命生涯中屢遭挫折與失敗，甚至被親信出賣。但他不屈不撓，在十次武裝起義失敗後仍然百折不回，終於取得了第十一次武裝起義的勝利。辛亥革命後的鬥爭更為艱巨複雜，後期他帶領人民進行反對封建軍閥和反對帝國主義的鬥爭，直到生命終止。可惜他沒親眼看到新中國的誕生，但他的革命思想和革命精神，始終激勵着中國人民為祖國的獨立、富強、民主而鬥爭。

目錄

一 志氣不凡的少年

那是一百多年前的事了。

在一所設在村廟的私塾裏，幾個拖着長辮的孩子正在座位上搖頭晃腦地背誦着經書裏的一段：「大學之道，在⋯⋯在⋯⋯」他們背不下去了，這些艱深的古書對八、九歲的孩子來說真是太難記了呀！

知識門

私塾：
舊時中國家庭、宗族或教師自己設立的教學場所，一般只有一個教師，採用個別教學，教材及教學年限沒有一定的規限。

一個孩子毅然站了起來：「先生，我覺得這樣背書沒意思！」

「什麼？你反對讀經書？」塾師吼道。

「我不反對讀經書，可是不明白書中的意思，光是背有什麼用呢？請先生給我們解釋解釋這些句子的意思。」

望着他那真誠的目光，塾師放下了手中的**戒尺**[①]，他不得不在心中承認孩子說得有理。

這位敢想敢說的孩子就是七歲的孫文，日後領導中

----
① **戒尺**：舊時老師對學生施行體罰時所用的木條。

國人民推翻清朝的偉人——孫中山先生。

公元1866年11月12日（清朝同治五年農曆10月6日），孫中山先生誕生於廣東省香山縣翠亨村。他原名文，幼名德明，號逸仙。後來從事革命活動時曾化名中山樵，所以人們都稱他中山先生，外國人則慣稱他為孫逸仙博士。

孫文的祖父、父親都是**佃農**[①]，家境貧困。全家常常只能用紅薯當飯吃，孩子們沒有鞋穿，都是赤着腳走路。孫文自幼就幫家裏幹活，六歲就跟姐姐上山砍柴，到池塘打撈豬飼料。以後又下田除草、插秧、排水、放牛，有時還隨外祖父出海捕魚捉蟹。童年的艱苦生活使孫文了解與感受到農民的痛苦和要求，日後他參加革命後就曾提出：「中國農民的生活不該長此這樣困苦下去。中國的兒童應該有鞋穿，有米飯吃。」

紅薯：

甘薯的統稱，一年生或多年生草本植物，蔓細長，匍伏地面。塊根，皮色發紅，肉黃白色，除供食用外，還可製糖和酒精。也稱番薯、山芋、地瓜、紅苕。

童年的孫文天資聰穎，愛思考，想像力豐富，求知欲很強，凡事都要問個「為什麼」。他曾經問母親：「天有多高？天後面是什麼？」「人死了之後是什麼樣

[①] **佃農**：自己不擁有土地，以耕種土地為生的農民。

子的？人怎麼會死？」母親是位溫厚賢淑、勤勞樸實的婦女，白天下田耕種，回來還操持家務、撫育子女。她常常被孫文的古怪問題難倒，心裏隱隱覺得這是個不平凡的孩子。

少年時的孫文的確不是個普通的孩子。他長得結實健壯，又愛打抱不平。同伴中若是有人被欺負，他一定會挺身而出主持公道，甚至不怕去與比自己大的孩子打架。他在同伴中的威信很高，很自然地成為他們的「領袖」。

聽得外面有人大喊：「海盜來了，海盜來了！」村裏頓時雞飛狗跳，亂成一團。有的家長來把孩子接走了，有的學生趕快跑回家，家家戶戶關緊了門，不敢外出。孫文非但沒有躲起來，反而跑出門去看看**海盜**[1]究竟是什麼樣子的。這次海盜的搶劫目標是一戶從美國回來的華僑商人，他們用粗木撞開了大門，搶走了好幾隻裝滿財物的箱子。那老華僑在大門口頓足哭喊：「那是我辛辛苦苦賺來的畢生積蓄啊！這下完了，叫我一家怎麼過日子？⋯⋯在外國有法律保護，這裏一點保障也沒有，早知道就不回來了⋯⋯」

孫文目睹這一切，很同情那商人的遭遇，但他也不

---

[1] **海盜**：以舟船為落腳點，出沒於海洋上的強盜，多數在海上作案，有時也上岸搶劫。

明白：為什麼在外國，生命財產有法律保護，而在中國卻沒有呢？外國的情況是怎麼樣的？中國能不能消滅海盜，保障大家的安全？……

村裏有弟兄三人，克勤克儉積了些錢，蓋了一所帶花園的房子住。這三兄弟人品很好，與孫文的父親也很熟，所以孫文常常去他們家的花園玩耍。一天，忽然來了一隊清兵，抓走了三兄弟，佔了他們的住宅。三兄弟究竟犯了什麼罪？孫文問父親，父親叫他別管閒事。過了不久，聽人說三兄弟中有一個被殺了，另兩人被關在牢裏，他們什麼罪也沒有，只是一個滿清官吏想佔用他們的房屋而已。全村人都感到憤慨不平，但誰也不敢公開說出來。孫文的父親還特別叮嚀孫文以後別去那兒玩了。

孫文心中十分氣憤。他想：官吏應該是為百姓服務、保護百姓的，怎麼能像強盜一樣搶奪百姓的財產呢？太豈有此理了！

孫文不聽父親勸告，有一次偷偷地溜進了那大宅的花園。

一個頭戴**紅纓帽**[①]的官員正從宅門走出來，一見孫文便大喝：「你是誰？來這裏幹什麼？」

[①] **紅纓帽**：清朝官吏所戴的帽子，帽頂上有穗狀的紅纓作裝飾。

孫文答道：「我來這裏玩！」

那官員惡狠狠地說：「這是我的園子，你怎能隨便進來？」

孫文大聲反駁道：「這是三兄弟的園子，不是你的！你怎麼可以抓走他們，強佔他們的房子？」

官員大怒，拔出佩刀要砍孫文。兩側的衛兵也持槍趕來。孫文見勢不妙，一溜煙跑了。今天他能當面痛罵貪官，說出了全村百姓的心裏話，覺得痛快極了。

海盜的搶掠、清兵的霸佔，使孫文覺察到當時的社會有一些極不合理的現象存在着。他還看到香山縣的差役到翠亨村來，不是催交糧就是逼納稅，再不然就是蠻不講理地拉人當伕。政府只知道窮兇極惡地欺壓百姓、搜括民脂民膏，卻從不為村民做一件好事。孫文的祖家本來有些田地，後來用**白契**①轉讓給別家，所以官府的土地冊上仍是孫家的名，每年還要交田稅。孫文的父母為此弄得焦頭爛額，煩惱不堪。一次，孫文問族裏的一位老人，這樣不合理的事能不能改變？老人說：「這些規矩都是皇帝定的，不能改變。」孫文這才知道，原來不公平的根源是在皇帝。多年後，孫中山先生向一位外國

---

① **白契**：即是賣土地時沒有向官吏行賄，契約上沒有蓋上官府的紅印，所以實際上土地沒有正式轉名。

友人回憶往事時說：「直到我十三歲，我才聽說北京是皇帝權力的中心。」

一天傍晚，孫文放牛回家，一進門就聽見姐姐妙西在屋裏又哭又叫。原來那年妙西已經十五歲了，母親開始為她**纏足**^①。孫文見姐姐痛得亂踢雙腳，不停地呻吟，他又着急又心痛，問媽媽：「好好的一雙腳，為什麼要弄成這樣？」

「不關你的事！女孩子不纏足，以後怎麼嫁人？有什麼臉見人！」母親說着，還把孫文趕了出去，不讓他看。孫文在牛棚裏呆了一會兒，心想這種不講理的害人規矩是誰定下的？簡直太可惡了！

趁母親離開後，孫文溜進姐姐房裏：「姐姐，你這樣太痛苦了，讓我來幫你！」說着，他就抄起剪刀要剪掉姐姐腳上的裹腳布。

姐姐趕緊阻止他：「傻弟弟！媽媽說得對，女孩家不纏足怎麼行呀？你別管我了，誰叫我生來是個女孩呢，我的命不好⋯⋯」

孫文這才明白：社會上一些陋習是根深蒂固的，要想改變是談何容易啊！

---

① **纏足**：也叫裹腳，中國舊時陋習，用長布把發育中女孩的雙腳緊緊纏紮，使足骨變形，腳形尖小，以此為美觀。

村裏幾戶富豪人家都蓄奴，就是從窮佃農家買來女孩作奴婢。她們吃的是殘湯剩飯，做的是最辛苦的工作，沒有休假沒有報酬，還要忍受主人的打罵虐待。孫文對這種事十分反感，常公開説：「她們也是人，為什麼要被人買來賣去和虐待呢？她們的主人為什麼有這權利呢？」他這些大膽議論令村民非常吃驚。

少年孫文已經漸漸感受到社會的黑暗與腐朽，並且產生了改變現狀的朦朧願望。對孫文來説，他的革命思想的啟蒙者，是每天在村子的大榕樹下講故事的一位老人——馮爽觀。

馮老漢是太平天國起義軍的一名老兵，起義被清政府鎮壓後他就回到村裏隱居。他獨來獨往，心情抑鬱，唯一的開心消遣是每天傍晚坐在大榕樹下，為孩子們講述太平天國故事，小聽眾中聽得最入迷的要數孫文了。

馮老漢從拜上帝會講到金田起義，從定都天京講到內部叛亂和起

知識門

太平天國：
中國歷史上規模最大的一次農民起義。1851年，洪秀全、楊秀清等在廣西桂平縣金田村起義，建號「太平天國」反清，1853年在天京（今南京）定都，建立國家政權，勢力發展到十七個省。1864年在清政府和外國勢力聯合鎮壓下失敗。

拜上帝會：
洪秀全於1843年創立的農民革命組織，模擬基督教形式，號召會員信仰上帝，消滅「閻羅妖」（指滿清統治者），以實現「天下一家，共享太平」的理想。

義失敗……講到最慘烈的安慶保衛戰時老人涕淚縱橫；接着是天京失守，城內百姓慘遭屠殺……孩子們聽得義憤填膺，孫文更是握緊拳頭頓足大叫：「怎麼沒滅了滿清，可惜，可惜！」馮老漢趕緊輕聲阻止他：「在外面不可這樣亂說，要殺頭的！」

從此，洪秀全成了孫文心目中的英雄偶像。這位志氣不凡的少年暗下決心：要像洪秀全那樣起來改變不合理的社會，打倒專制的滿清皇帝。

1. 少年孫文有哪些方面是值得我們學習的？

2. 當你看到一些不合理、不公平現象時，你會怎麼做？

二 革命思想的萌芽

「爸，我想跟哥哥去檀香山！」孫文說。

「不行！」爸爸斬釘截鐵地一口拒絕，「我讓你哥哥出去，已是冒了很大風險的，你忘了你的兩個叔叔都一去不回嗎？你們兄弟倆總要有一個留在家裏。」

父親的決定是不能違背的，孫文的出國夢成了泡影。

孫文的哥哥名叫德彰，小名阿眉，比孫文大十二歲。孫眉自小很聰明，也很頑皮，不愛讀書。十八歲那年跟舅父去檀香山闖天下，起初當工人，後來租地開荒，發展畜牧和種植業，後來又做起了生意，發展得很不錯。他常常寄錢回家，孫文家的經濟情況漸漸好轉，還蓋了新屋。八年後孫眉衣錦榮歸，在家鄉辦了一個移民所，招募了百多人，準備帶回檀香山去墾荒辦農場。孫文向哥哥打聽海外的情況，他想知道究竟是什麼原

知識門

檀香山：

當時是南太平洋羣島的通稱，現在稱為夏威夷羣島，由四個大島及十六個小島組成，華人自1789年起就來此創業。後來檀香山又稱火奴魯魯，是美國夏威夷州的首府和港口，在羣島的瓦胡島東南岸。

因，使哥哥好像完全變了一個人。聽哥哥介紹了那邊的情況後，孫文也很想出去見識一下，可惜父親不同意。

第二年機會來了，孫眉和朋友合租的一艘輪船要載一批移民去檀香山，這次父親同意由母親帶着孫文去看望孫眉，那年孫文十三歲。

在船上度過的二十五天使孫文大開眼界。輪船首先經過香港，只見維多利亞港內船隻穿梭來往，海旁商業建築及倉庫林立，港島半山上西式屋宇星羅棋布，香港的繁榮給孫文留下深刻印象。他常常獨自在甲板上倚欄沉思。這結構精巧的輪船使他感受到機械的威力和西方科技的發達，為什麼外國人能造，而中國人卻不能造呢？看來西方有很多優於中國的經驗值得學習啊。

船上有個英國水手得病死了。孫文看見船員們把屍體裝進一個帆布袋，加上鐵塊，外面裹了一面彩色旗子。船上響起了鐘聲，船長捧着本書唸了些什麼，接着人們就把裝着屍體的布袋拋進海裏。孫文很奇怪：他們怎麼這樣處置屍體？這與中國人的土葬完全不同啊，看來中、西方的文明有着很大的差異呢！

在哥哥家安頓下來後，孫文急着要上街去看看。這個穿着長衫、頭上拖着條辮子、戴着紅頂黑綢**瓜皮帽**①的

---

① **瓜皮帽**：像半個西瓜皮形狀的中國舊式便帽，一般用六塊黑緞子或絨布連綴製成。

中國山村少年，對一切都感到新奇。他見到一些人在一座建築物裏進進出出，手裏都拿着一些紙片似的東西，就問陪他逛街的同鄉：「這是什麼地方？他們手裏拿着什麼？」

同鄉說：「這裏是郵政局，人們來這裏寄信。只要在信封上寫了姓名地址，貼上郵票，投到信箱裏，就會送到收信人手裏，不必想方設法等機會找人帶信了。」郵政局給孫文留下深刻的印象，使他感受到現代文明的優越。

那時的檀香山正在發展階段，建築整齊、街道整潔、秩序井然；人們工作六天後有一天休息；大家尊重法律，法律也保護大家。孫文覺得這些都是自己家鄉沒有的現象，假如家鄉也能做到這一切，該多好啊！

母親住了一段時間，因為惦掛着家鄉的親人，便決定回去了。孫文說服母親和哥哥，讓他留了下來。

孫眉安排弟弟在店裏工作，孫文很快學會了記賬和珠算。但他不甘心這樣生活下去，他向哥哥要求說：「哥，我想去讀書，學些英文和西方文化。」

「好啊，是應該趁年青多學些知

知識門

珠算：

用算盤計算的方法。算盤是一種木製的計算用具，長方形框內裝有一根橫樑，樑上鑽孔棍十餘根，每根上串一串珠子，叫算盤子，常見的是兩顆在橫樑上，每顆代表五；五顆在橫樑下，每顆代表一。按規定方法撥動算盤子，可做加減乘除等運算。

識。你放心，我會給你找一個好學校的。」

1879年，孫文進了一家英國教會辦的寄宿學校——意奧拉尼書院讀書。

開始時孫文完全不懂英文，只能用手勢與人溝通。但他努力學習，很快掌握了英語規律，能用英文讀書和作文了。課程內容有西方的自然科學、政治、經濟、法律、社會和聖經等科目，教育方式與孫文以前讀的私塾完全不同。孫文如飢似渴地學習一切知識，並在課外閱讀了華盛頓、林肯等名人傳記，對歐美民族民主革命領袖十分敬仰。

華盛頓、林肯都曾任美國總統。喬治·華盛頓是美利堅共和國奠基人，第一任總統。林肯在1861至1865年就任總統，在南北戰爭期間頒布《解放黑奴宣言》，廢除奴隸制度。

孫文的勤奮好學獲得了同學們的尊敬，但是他也有一件煩惱事：他頭上的那條長辮子常常成為一些同學取笑的話題。

一天，幾個淘氣的學生抓住孫文的辮子拚命往後拉，一邊叫着：「看，看！他有一根馬尾巴！一根牛尾巴！一根猴子尾巴！」也有人來扯他的大**馬褂**[①]。孫文

[①] **馬褂**：中國舊時男子穿在長袍外面的對襟短褂，以黑色的為最普遍。最早是滿族人騎馬時所穿的服裝。

實在忍受不了這種侮辱，轉身撲上去與他們廝打起來。他自小練就一副好身手，那些同學不是他的對手，挨打後都逃了，以後再也不敢來惹他。但也有同學好奇地問他：「你那辮子究竟有什麼用呢？」

一向聰明的孫文這次被問住了。是呀，這根辮子留在頭上有什麼用？沒用的東西又幹嗎要保留着呢？於是他回家後抓起一把剪刀就要剪自己的辮子。

孫眉見了大聲斥責他：「留辮是祖宗傳下來的規矩，是中國文明的象徵，你剪了辮子怎對得起祖宗？成何體統？」孫文反駁道：「外國人不留辮子，不是也很文明嗎？」但是孫眉堅決不讓他做這大逆不道的事。以後當同學們問孫文為何不剪辮子時，他就説：「這是滿清政府加給我們的恥辱，我一個人剪了有什麼用？以後要喚起民眾一起剪！」

為了給中國人爭氣，為了學會更多知識將來改造中國社會，孫文刻苦地學習。1882年2月，意奧拉尼學院的畢業典禮上出現了一個驚人的場面——上台領取英文文法第二名獎的，竟是一個十六歲的中國學生——孫文。夏威夷王親自給他頒了獎。台

知識門

夏威夷王：
指當時夏威夷羣島的國王卡拉鳩。那時夏威夷是君主制，意奧拉尼書院是1862年夏威夷國王卡米哈米哈四世建議創辦的，是夏威夷歷史上的一所學校，所以國王出席每一屆畢業典禮。

上台下響起一陣熱烈的掌聲，人們在驚訝地議論：

「三年前他連英文也不會講，今天居然得了獎！真了不起！」

「聽說他的各科成績都很好，算術尤其出色！」

華僑們更是興奮：「孫文真是為我們中國人爭了光！」

孫文不僅在學業上取得很好的成績，對校內的其他活動也都熱心參加。他參加了學校救火會的訓練課程和軍事操練科目，他覺得掌握這些現代化科學技術是很有用的。

意奧拉尼書院隸屬於聖公會，所以很重視宗教教育。學生不但要上必修的聖經課，早晚還要在學校的教堂祈禱，星期日則須到校外教堂去做禮拜。孫文認真研讀了聖經，對耶穌那種愛人類、勇敢和崇高的精神很是敬佩，也很欣賞基督教教義中的「平等」、「博愛」思想，便漸漸接受了基督教信仰。一天，他對孫眉說：

「哥，同學們都接受**洗禮**①了，我也想……」

聖公會：
基督教（新教）主要宗派之一。十六世紀歐洲宗教改革運動時產生於英國，1534年成為英國國教，後向各國擴展，鴉片戰事後傳入中國。

---

① **洗禮**：基督教接受人入教時舉行的宗教儀式，把水滴在受洗人的額上，或讓受洗人身體浸在水裏，表示洗淨過去的罪惡。

　　孫眉大吃一驚：「你也想受洗？別忘了你是中國人，不能什麼都學洋人！看來我不該把你送到教會學校去讀書的！」

　　孫文見哥哥很生氣，便沒有再提受洗的事。

　　當時的夏威夷本是個獨立的小王國，但美國的勢力漸漸侵入，逐步在控制它的政治、經濟、軍事和文化。這個小國的人民不甘心被美國吞併，不斷進行各種形式的反抗。孫文見到夏威夷人民反抗異族的鬥爭情況，很自然聯想到中國人民也應該這樣做，要起來反抗清朝的黑暗統治。反對外國侵略和要求民族獨立的思想漸漸在他心中萌芽，他常和同學以及孫眉牧場上的工人談論自己的這些想法。

　　孫眉見弟弟的言行越來越「出格」，便寫信告訴父親。父親聽說孫文快變成個「小洋人」了，便回信叫孫眉打發孫文回國。

　　1883年6月，孫文在父兄的一再催促下，無奈地中斷學業，沮喪地離開檀香山回國。孫眉把自己在檀香山的一部分產業過戶到他名下，供他回國繼續求學。

　　在香港轉乘**沙船**①回家時，經過一個清政府的**關卡**②。

---

① **沙船**：一種遇沙不易擱淺的大型平底木帆船，結構較堅固，不易損壞或傾覆。

② **關卡**：為收稅或警備在交通要道設立的檢查站、崗哨。

船主事先叮囑乘客：「千萬別得罪上船檢查的官員，不然就麻煩了！」

果然，先後上來了四批檢查人員，把乘客的行李翻得亂七八糟，見到值錢的東西就任意拿走，有的乘客為了少找麻煩，便塞點禮物給他們。孫文默默地看着，直到第四批檢查「私運火油」的人員向他走來，喝令他打開箱子時，他實在忍不住了：「你看我這小箱子就知道有沒有火油了，為什麼要這樣找麻煩呢？」

「你抗拒檢查？好，扣下船，不准開！」

兇暴的官員果然把他們的船扣了一夜，等船主付了一大筆罰款後才放行。這件事對孫文的刺激很大，他覺得這麼腐敗的社會不改變不行了！

孫文回到家鄉，他已不是一個稚氣的山村孩子，而是受過西方教育的十七歲少年了。見到家鄉一點也沒改變，百姓生活仍是那麼貧困，政府仍是那樣腐敗，他就向鄉親們宣傳改革、富民強國的道理，人們對他都很敬佩。

孫文很看不慣村民求神拜佛的迷信舉動。一天，他和陸皓東等幾個伙伴走過**北帝廟**，見有人在燃香跪拜，他便走

北帝廟：

供奉北極帝君的寺廟，北帝的全名是「北方真武玄天上帝」，是道教信奉的神，相傳是古淨樂國的太子，生得神勇威武。後來遇到天神，天神送給他一把寶劍，他便去湖北武當山修煉。四十二年功成，白日飛升，威鎮北方。

上前去折斷了北帝神像的一個指頭，說：「你們看，這個沒有生命的木偶，連自己也不能保護，還能保護你們嗎？」這件事引起軒然大波，**父老**①們認為孫文冒犯了神明，會給全村帶來災害。孫文的父親一方面出錢修復佛像，另一方面安排孫文暫時離開家鄉，以免再惹是非。日後孫中山先生回憶起這件事來，也認為當時這樣做是不太妥當，但他卻因此走出山村，踏上了人生的另一征途。

1. 孫文為什麼一定要跟隨哥哥去海外唸書？

2. 出國五年的海外生活，對少年孫文的思想產生了什麼影響？

---

① **父老**：一國或一鄉內德高望重的長者，管理公共事務的人。

三 救死扶傷的好醫生

「皓東，明天我就要離開這裏了，這一次分手，不知什麼時候才能見到你啊！」孫文臨離開家鄉時，向他最要好的朋友陸皓東告別。

「我也要去上海讀書了，我們多多聯繫吧。你一到香港就寫信給我。」皓東説。

「真有點兒捨不得離開家鄉，尤其是捨不得離開你，你是最了解我的啊！」孫文感歎説。

「這次我們闖下了大禍，不走是不行的。這樣也好，我們不能總呆在這個小山村裏沒事做。孫文，我總覺得你以後一定會有所作為的！」

皓東是孫文的童年伙伴，也曾是同學。他活潑好動，特別喜歡畫畫，和孫文很談得來。他倆常在一起慷慨激昂地議論國事世事，推心置腹地談心裏話。這次雖然各自東西，但不久後他們重又見面，皓東日後成為孫文革命事業中的親密戰友。

就這樣，孫文隻身來到香港，進了英國基督教聖公會辦的拔萃書室學英文，幾個月後轉到中央書院。那是

1883年至1884年間的事。

到了年底，陸皓東也由上海來到香港，他們受了洗禮；加入了基督教。主持洗禮儀式的是美國傳教士喜加里，孫文為自己起了個教名——孫日新。後來他的國文老師區鳳墀又給他起了個名字叫孫逸仙。

當時的香港已不屬清政府管轄，是華人來往國內外必經之地，受西方影響較深，思想開放。孫文認真研讀各類課程和中外書籍，加深了對西方政治、社會、科學的認識，接受了很多新思想。

他還愛讀中國諸子百家的著作，學習刻苦，勤學好問，他曾對人說：「學問學問，不學不問，怎樣能知！」由於他知識面廣，同學們給他取了個綽號，叫「通天曉」。

1883年爆發中法戰爭，劉永福領導的黑旗軍在中越邊境大敗法軍，鼓舞了全國各地人民的抗法鬥爭。

知識門

中央書院：
當時也稱香港書院，建於1862年，是香港第一所官立中學，提供現代西式教育，是現在皇仁書院的前身。位於中區城隍街與歌賦街交叉處。

逸仙：
在英文中有「自由神」的意思，也有一說是根據粵語中「日新」的發音而來。孫中山先生很喜歡這個名字，在香港和廣州讀書時一直用它。

諸子百家：
先秦至漢初各個學派的總稱。諸子指各派的代表人物，如儒家的孔子、孟子，墨家的墨子，道家的老子等，亦指他們的代表作。

1885年，一艘法國軍艦從越南開來香港修理，**船塢**①的中國工人出於愛國熱情，聯合起來拒絕修理；香港的碼頭工人也拒絕為法國商船卸貨。民眾的愛國行動使孫文受到極大鼓舞。可是清政府卻在打勝仗的情況下還向法國屈膝求和，簽訂了投降賣國的

知識門

《中法新約》：
法國強迫清政府訂立的關於結束中法戰爭的不平等條約，1885年6月9日由北洋大臣李鴻章與法國公使在天津簽訂。

《中法新約》，朝廷的昏庸喚起了民眾的覺醒，孫文後來回憶道：「正是中法戰爭那一年，才使我立志要推翻清朝，創建民國。」

從事推翻滿清的革命是項長期的艱苦工作，孫文覺得自己必須學會一門技能，要有個職業來作掩護。他想到醫生最易深入民眾、得到社會的信任，於是他就決心學醫。

1886年，孫文考入廣州博濟醫院附設的南華醫校攻讀醫學，同時自學文學和歷史。有一天，有位同學問他：「你是學醫的，研究這些經史古書幹嗎？」

孫文說：「學醫能救國，讀些經史後知識廣了，救國的本領就更大了。」

那同學覺得他講得很有道理，很是佩服他的學習精

---

① **船塢**：停泊、修理或製造船隻的地方。

神，便常來向他討教各種問題，兩人成了好朋友。

　　這人叫鄭士良，是三合會會員，他也常向孫文講述三合會「反清復明」的思想。鄭士良日後成了孫文革命事業的忠誠追隨者。

　　當時南華醫校雖是男女同校，但是上課時男女生分坐左右，中間還用布幔隔開；婦科實習只能外國學生參加，中國學生不能去。孫文對這些做法很不滿，便到校長室去抗議：「同是學生，為什麼不讓中國學生去婦科實習？」

　　校長說：「因為你們中國人的禮教是男女授受不親，我們美國人不受此束縛。」

　　孫文問：「學醫是不是為了治病救人呢？」

　　「當然啦。」

　　「那麼中國學生學醫不是為了治病救人嗎？中國婦女有病，中國醫生能不救嗎？究竟是以救命為重，還是以不合理的禮教為重？」

　　校長認為他說得很有道理，便允許中國學生去婦科實習，並把男女生之間的布幔撤了。

一年後，孫文轉到香港新成立的雅麗西醫書院學習。這裏教學設備完善，師資水平很高，還注重**臨牀實習**[①]，孫文在這裏刻苦學習了五年，為以後的事業打下了堅實的基礎。

在此期間，孫文常常來往於廣州、澳門、香港之間，與一些志同道合的朋友暢談救國大計，宣傳革命思想。

與他最談得來的是陳少白、尤列、楊鶴齡三人，常在「楊耀記」聚會。他們常談到洪秀全和太平天國，孫文自稱要做「洪秀全第二」。

有一次，他們幾個在一起談到「成者為王，敗者為寇」，洪秀全因為起義失敗，在清政府眼中是「寇」。

楊鶴齡的哥哥在一旁插嘴説：「那你們四個常常發表大逆不道的反清言論，也是清政府心目中的寇了！」從此「四大寇」的名聲就傳開了。

知識門

雅麗西醫書院：
現今香港大學醫學院的前身。1887年春由何啟博士創辦，以英籍妻子雅麗之名命名，位於荷里活道與鴨巴甸道交界處，1913年併入香港大學醫科。

楊耀記：
楊鶴齡家的祖店，在中區歌賦街八號，現已改為另家商號，二樓為民居住。

---

① **臨牀實習**：指醫學院的學生去到醫院，像醫生一樣為病人診斷和治療疾病，以取得實際行醫經驗。

　　孫文的畢業考試成績特別優異，十二門科目中十一門是一百分，只有一門九十幾分。為此，教務長英國人康德黎博士專門召開會議，經研究後決定以學校名義贈幾分給這個學院歷史上最傑出的學生，使他得到「滿分」的榮譽。

　　1892年7月，孫文得到了醫學院頒發的畢業執照及醫科碩士學位，結束了學生時代，成了一名合格的全科醫生。

　　畢業後，孫文選擇在澳門行醫。因為他覺得澳門離家鄉近，便於開展革命活動。

　　他先在鏡湖中醫院掛牌開業，首創了中西醫結合施診。

　　後來他開設了中西藥局，製藥、賣藥兼行醫。但不久就受到葡籍同行的妒忌和排擠，不得不在次年春遷往廣州，設立了東西藥局和醫務所。

　　澳門的中西藥局仍保留着，準備作為日後革命活動的一個據點。

　　孫文的醫術高超，醫德又好。他待人和藹，有求必應，對一些貧窮的病人不僅不收診金，還免費贈送藥品。

　　他精於外科，手術做得嫻熟高明，曾為一個病人切

除了一塊雞蛋般大的膽結石，這在當時是個非常了不起的手術。

膽結石：

由於有機物和無機鹽類的沉澱，而在膽裏或膽管形成的堅硬物質，通常要做外科手術取出，近年也有用激光擊碎而排出體外。

到廣州不滿三個月，孫逸仙醫生的名字已傳開了，來求診的病人踏穿門檻。在他投身革命前一年多的行醫期間，留下了許多救死扶傷、妙手回春的動人故事：

香山縣石歧地方有家銀舖，老闆雖然已七十多歲，但他身體一向不錯，精神矍鑠，無病無痛。孫文從醫校畢業回家鄉時認識了他。一次，孫文見了他後盯着他的臉急急地說：「你有病呀，趕快治，不能再拖了！」

老人嚇了一跳：「我不是好好的嗎？哪來的病？你怎麼知道？」

「從你臉上就看出來了！你的心臟不好，是不是晚上有**盜汗**①？」

老人最近是有這情況，他就讓孫文為他診治，吃了一段時間的藥，就全好了。

一次，孫文從澳門回到翠亨村，聽說有個村民的妻子難產，肚子痛了兩天還沒生下孩子。孫文趕忙跑去為

---

① **盜汗**：因患了某些病或身體虛弱，晚間睡覺時會大量出汗的現象，叫盜汗。

她接生，直到母子平安後他才回家休息。

還有一次，孫文去探望妹妹，途中經過一個村子，聽到有戶農家傳出陣陣哭聲，他上前一看，原來有個婦女病得奄奄一息，家人圍着她在哭着**送終**①。

孫文一檢查，發現病人還有救，就馬上對症下藥，果然把病人從死神手裏救了回來。

村民們感激地稱他為「生菩薩」。

有個姓武的人，牙痛了幾個月，到處投醫都無效，慕名來找孫醫生。孫文為他治療，藥到病除，分文不收，也拒受禮物。病人高興得不得了，在當時廣州出版的《中西日報》上寫了一則充滿感激之情的「鳴謝啟事」，讚孫醫生「平生醫學精純」，使他的「數月病源，一朝頓失」。治牙病在當時還沒有專門的牙醫呢，可見孫文醫術之精湛，到了各科皆通的地步。

但是，孫文的目的不但是醫治人們的身體，更要醫治人們的精神和思想；他不滿足於做一名治人的良醫，更要動手治療國家和民族的**痼疾**②，認為醫國比醫人更重要。

在行醫期間，孫文一直在為實現自己的政治理想而

---

① **送終**：長輩親屬臨終時在身旁照料，也指安排長輩親屬的喪事。
② **痼疾**：經久難治癒的病。

做準備，在各方面開展活動：他在行醫中廣泛結識了社會各階層人士，宣傳反清救國思想，團結了一批有志之士，常在一起議論時政，取得反清的共識，並以行醫做掩護，在澳門創辦了《鏡海叢報》，發表針砭時弊、抨擊滿清的文章，宣傳革命思想。

知識門

《鏡海叢報》：1893年7月由孫文與葡人費爾南德思合作創辦，每星期二出版，分中文及葡文兩種版，每期一大張，孫先生是中文版的編輯和主筆。這是中國現代史上最早的進步報紙之一，在當時很有影響，銷路很廣。

想一想

1. 孫文為什麼選擇讀醫行醫？

2. 求學時代的刻苦學習，對孫文日後的革命事業有什麼影響？

四　革命行動的開始

　　一天，孫文在香港的好友陳少白接到廣州的一封信，是孫文藥局的伙計寫的，信上說：「孫先生失蹤了，到處都找不到，藥局只有十幾元錢，撐不下去了！」

　　陳少白急急到廣州，一邊拿出錢來維持藥局的營業，一邊派人繼續外出打聽孫文的下落，同時還要替他行醫。他心裏也不明白：孫文已是位鼎鼎大名的良醫了，怎麼會失蹤呢？怎麼會扔下病人和診所不理，上哪兒去了呢？

　　過了十幾天，孫文夾着一大卷文稿回來了，一進門就連聲向伙計們說：「對不起，對不起！」

　　他把陳少白拉到裏屋，說：「我知道你會來的。診所的事甭管了，你幫我把這文稿改改！」

　　「原來你躲起來作文章去了！這藥局還要不要？」陳少白問他。

　　「不要了！你我反正不能終生行醫，我們有更重要的事應該去做！」

那些日子，孫文在翠亨村老家閉門拒客，寫了一封八千字的《致李鴻章**中堂**①痛陳救國大計書》，現在人們簡稱《上李鴻章書》。

文中他提出要學習西方的先進科學技術，以發展工農業生產，改革教育制度和選拔人才制度，使國家富強、人民富足。

這是孫文花盡心機寫出的一封很有見地的建議書，經陳少白修改後，他就和陸皓東一起北上遞交。自此開始，孫文就放棄了醫業，開始了他一生的革命事業，這年他二十八歲。

為什麼孫文會想到要上書給李鴻章呢？因為香港西醫書院的一名英籍老師曾被召到天津去為李鴻章治病，後來李鴻章就當了書院的名譽贊助人。

李鴻章當時是洋務運動的倡導人，是清政府裏的改革派，他對近

知識門

洋務運動：

十九世紀六十年代至九十年代，清政府內部一些官僚主張依靠外國援助開辦近代軍事工業，派遣留學生出國學習生產技術，被稱為洋務派，代表人物是奕訢、曾國藩、李鴻章、左宗棠等。他們標榜「自強」和「求富」，用官商合辦方式開辦了一批工礦企業，並掌握陸軍、海軍。中日戰爭後洋務運動宣告失敗。

---

① **中堂**：宰相的別稱，明清時的大學士實際掌握宰相權力，辦公處在內閣的中間房，故稱中堂。

代醫學教育發表的一些意見都是很尊重科學、很開明的。這一切給孫文留下了深刻的印象。

李鴻章身為直隸**總督**①和北洋大臣，是掌握國家軍、政、外交大權的漢族官員，孫文就想爭取和利用他來推行新政，改變腐敗的政治制度。

1894年6月，孫文和陸皓東在天津經人介紹，把書信呈交到李鴻章手裏，但是沒有被接見。因為那時中日戰爭迫在眉睫，李鴻章忙於督師練兵，傳話下來説：「等打完仗再説吧！」從此沒有下文。

上書失敗了。孫文在天津等地還目睹清政府的種種腐敗現象，漸漸懂得上書請願等和平改良是無濟於事的，必須用根本的改造來代替局部改良。

7月25日，中日甲午戰爭爆發。中國一些愛國官兵英勇作戰，寧死不屈。但是清政府腐敗無能，不敢抵抗，以致在戰爭中遭到慘重失敗。

與此同時，慈禧太后竟還挪用海軍軍費建造頤和園，為自己慶祝六十

知識門

甲午戰爭：

1894年（甲午年）發生的中日戰爭是由於日本發動對朝鮮的侵略，並對中國海陸軍進行挑釁而引起的。海戰中，北洋艦隊全軍覆沒。最後清政府派李鴻章與日本訂立了可恥的《馬關條約》。

---

① **總督**：清朝的地方最高長官，一般管轄兩省的軍事和政治，也有管三省或只管一個省的。

大壽！這些事引起全國震驚，人民異常激憤。孫文對陸皓東說：「清政府竟然腐敗到如此登峯造極的程度，真是不可救藥了！」

「是呀，總算看透了這批傢伙！」

「看來修修補補是沒用的，只有用強力來徹底解決了，讓我們從頭開始吧！」

從這時起，孫文下定決心要用革命的方法來推翻滿清政府的統治，這才是解救中國危機的唯一出路。

他們在上海詳細討論了行動計劃。孫文提出，必須成立一個組織，還要籌集一筆經費。事不宜遲，陸皓東回廣州準備，孫文就自上海坐船去檀香山，向那裏的親友宣傳和募捐，爭取海外僑胞的支持。

當時檀香山有二萬多華僑，多以種田、闢甘蔗園、經商為生。他們安於現狀，對孫文宣傳的反清言論驚恐萬分，生怕自己受牽連後會影響國內親屬，所以起初支持孫文的人很少。

孫文並不氣餒，繼續積極活動，有人形容他「滿腦子革命思想，碰到每一個人都要說這些話，就是和一個做買賣的人，也會說到革命。」

經過一個多月的奔走，孫文終於得到了一部分人的同情和支持，他們願意接受反清的革命思想。成立一個

革命組織的條件成熟了。1894年11月24日，檀香山興中會宣告成立，孫文提議：「我們以振興中華、挽救危局為宗旨，所以定名為興中會。」會上通過了章程，確定了「驅除**韃虜**①，恢復中華，創立合眾政府」的綱領，二十名成員都宣了誓，這是中國民主革命過程中的第一個團體。

經過會員的宣傳，入會人數很快達到兩百多，但是籌款情況很不理想，孫文非常焦急。這時，他哥哥孫眉被他的革命熱情打動，不但自己加入了興中會，並以低價賣掉了自己牧場的一部分牲畜，捐作革命經費。在孫眉的帶動下，又有二十多人捐了錢。更有一位叫鄧蔭南的華僑竟變賣了自己的農場，跟隨孫文回國幹革命。

孫文對革命前景感到很樂觀。他寫信給陳少白，要他作好「造反」的準備，並說：「這件事是可以做到的，你先作預備，我就要來了！」

1895年1月，孫文、鄧蔭南等人帶着籌募到的六千多元美金從檀香山趕回香港。孫文把陸皓東、陳少白、鄭士良、楊鶴齡等舊友召集在一起，密鑼緊鼓地策劃着……

---

① **韃虜**：韃，韃靼，是古時漢族對北方各遊牧民族的統稱；虜，是對敵方的蔑稱。在此，韃虜是指滿清政府。

農曆新年過後，香港中環士丹頓街又有一家新商號開張了，大門口的橫匾上寫着「乾亨行」三個大黑字。

誰會想到，這家名叫「乾亨行」的商號，原來是中國第一個革命組織——興中會的總機關所在地呢！又有誰會料到，在這塊牌匾下進進出出的人，原來都不是做買賣的，而是胸懷大志的革命人士，是要推翻滿清政府的「危險人物」！現在的孫文，已不是學生，也不是醫師，而是中國民主革命的一位領導者了。

知識門

乾亨行：

在士丹頓街十三號，原址本是富商黃詠商的物業，他也是興中會的創辦會員，父親黃勝曾為香港立法局華人非官守議員。現該處已改為「永善蓭」。

2月21日香港興中會成立後，各人分頭開展工作：鄭士良、陸皓東到廣州籌組分會；孫文親自擔任軍務，派人到內地聯絡各處會黨、「**綠林**」[1]和**遊勇**[2]；楊衢雲、黃詠商則留在香港負責購買和運輸軍械等後勤工作……

5月，清政府與日本簽訂了喪權辱國的《馬關條約》，割地又賠款，又無條件允許日本商人在中國開工廠。全國人民無不痛心疾首，義憤填膺，紛紛聲討清政

---

[1] **綠林**：指經常出沒於山林或水澤間，以搶劫富戶為生的一類武裝組織，其成員為貧苦農民、遊民及其他社會下層民眾。

[2] **遊勇**：也作散兵遊勇，指與所屬部隊失去聯絡的士兵。

府的賣國罪行。興中會會員們認為時機已到，便開會具體商討起義事項。

他們反覆商議後，決定在10月26日，即重陽節那天，利用百姓進出廣州掃墓的機會，讓起義人員喬裝成掃墓百姓混進城去，炸燬兩廣總督署，奪取廣州城。孫文説：「太平天國起義時，小刀會只有七個人就奪取了上海城。我們組織一百人的敢死隊就夠了。」

很多人表示不同意，認為清兵力量大，一百人太少。

經過討論，決定組織三千人的隊伍，從香港坐船到廣州發動起義。並規定起義者用紅布纏臂為記號，以「除暴安良」為口號。

陸皓東提議：「起義需要有一面旗幟，才有號召力！」大家很同意，孫文就委託陸皓東設計。陸皓東愉快地接受了任務，連夜苦思冥想，終於設計了一面青天白日旗以代替清朝的黃龍旗。

這面旗成為廣州起義的標誌，後來又成為中國國民黨黨旗。

知識門

小刀會：

清朝時一個民間秘密組織，1849年成立於廈門，1851年傳到上海。1853年9月上海小刀會首領劉麗川發動起義，佔領上海等地，抗擊清軍和英、法、美侵略者，堅持十八個月。失敗後一部分成員加入太平軍。

當時起義的任務分成兩大部分，一部分在香港，由楊衢雲、陳少白、鄧蔭南等人負責；一部分在廣州，由孫文率領鄭士良、陸皓東秘密做好準備工作。

10月25日晚，各路人馬的首領都先後來到廣州「農學會」集合，等待動手的命令。誰知就在此時香港的楊衢雲發來電報，說是一支三百多人的主力隊伍要延遲兩天才能到達。這下打亂了陣腳，孫文決定改變計劃，把起義延後，可是禍不單行，起義領導人之一朱淇在家起草起義公文時，被他哥哥朱湘發現，朱湘怕牽連了自己，就去向政府告密。

農學會：

由陸皓東在廣州籌建，名義上是農學會，實際上是策劃武裝起義的總機關，在雙門底王家祠。是陸皓東變賣了家鄉的田產後租下的，也是他的住所。

清政府警覺起來，立即派出大批軍警開始大搜捕，他們逼近總指揮部「農學會」時，陸皓東和其他幾位同志倉促出逃。

走到一半，陸皓東突然想起忘了把組織的人員名單帶出來，就要回去取。同伴們說：「總部已經被包圍了，你回去送死嗎？」陸皓東回答說：「名冊太重要了，萬一落到敵人手中，將會有多大的損失啊！」他溜回辦公室，知道自己不能脫身，就趕快把名單燒了，從

42

容被捕。

同時，香港警署也已察覺起義軍在運送軍械往廣州，就通知了粵督署。清兵就埋伏在碼頭上，香港起義人員剛上岸，就被兵警抓獲了四十多人，後面的人見勢不好及時偽裝，才逃過了抓捕。廣州起義就這樣流產了。

孫文沒有立即離開廣州，為了讓各地前來廣州的起義隊伍安全返回原地，他多留幾天安排遣散事項。那時處境已十分危險，清政府瘋狂捉拿革命黨人，廣州城內外及附近各縣都貼滿緝拿告示，以重金**懸賞**[1]通緝孫文、楊衢雲、鄭士良等人。孫文鎮定地遣散了各路人馬，並銷毀了有關文件，才於10月27日深夜乘船逃出廣州，經澳門到香港。

孫文抵達香港後所做的第一件事，是設法營救被捕的陸皓東等人。經他多方奔波，美國領事館願出面周旋，證明陸皓東曾任職於美國電報公司，是個安分守己的翻譯員，不會參加革命活動。可是為時已晚。陸皓東在獄中受盡嚴刑拷打，寧死不屈，還揮筆寫下革命到底推翻滿清的決心。

---

[1] **懸賞**：用出錢等獎賞的辦法公開徵求別人幫助做某件事，如懸賞尋人懸賞緝拿等，也叫懸紅。那時粵署以花銀一千元懸賞捉拿孫文。

後來外面傳說興中會要劫獄，清政府很恐慌，就把他和另外四位革命黨人一起處死了。消息傳來，孫文悲痛萬分，稱他是「中國有史以來為共和革命而犧牲的第一人」。

由於軍事準備不周，和缺乏羣眾基礎等原因，孫文領導的第一次武裝起義失敗了，但這是民主革命的起點，它像是茫茫黑夜中燃起的火把，吸引了千百萬人的注意，給中國人民照出了一條生路，也給腐朽的清皇朝敲起了喪鐘。

這年，孫文僅二十九歲。

想一想

1. 孫文從上書李鴻章到籌劃廣州起義，思想上經歷了一個什麼樣的變化？

2. 第一次廣州起義雖然失敗了，但它具有什麼意義？請想一想。

五 倫敦蒙難記

　　清政府偵查到孫文到了香港，便派人向香港總督交涉，要求引渡革命黨人。孫文請律師出庭辯護成功，港督拒絕了清政府**引渡**①的要求，但判令孫文、陳少白、楊衢雲三人出境五年不准來港。於是孫文、陳少白和鄭士良三人於1895年10月坐船從香港去日本。從那時起，直到1911年辛亥革命成功，前後有十六年之久孫文一直流亡在國外。

　　船到神戶，陳少白上岸買了一份日文報，見報上有則新聞的標題是「**支那**革命黨首領孫逸仙抵日」，便說：「我們中國人稱起義是造反，為什麼日本人稱為革命呢？」

　　孫文說：「日本人用的『革命』兩字是有出處的，來自《易經》裏『湯武革命，順乎天而應乎人』一句，這正符合我們反

知識門

支那：

古代印度、希臘和羅馬等地人稱「中國」時，發音由「秦」一字而來。後在佛教經籍中譯作支那，近代日本曾以此稱中國。

---

① **引渡**：甲國應乙國的請求，把乙國逃到甲國的犯人拘捕，解交乙國。

對滿清的宗旨。好，以後我們要自稱革命，不說是造反了！」這就是中國近代現代史上「革命」一詞的由來，此後在興中會組織內外、在國內外，都開始用「革命」和「革命黨」的名稱。

三人到了橫濱，在當地愛國華僑支持下成立了興中會橫濱分會。

孫文在橫濱剪去髮辮，換穿西裝，留起鬍鬚，以示與滿清決裂的革命決心。這時日本與滿清恢復了邦交，傳說日本政府將要應清政府的要求引渡革命黨人。孫文就決定到歐美去進行活動。

次年春天，孫文到了檀香山，把廣州起義的經過情形告訴哥哥孫眉。孫眉鼓勵他說：「這不算什麼，還應該繼續幹下去！」

孫眉還拿出一些錢來捐作革命的經費。孫文有了錢後，立即寄了五百元到日本還給一位姓馮的友人。那友人事後回憶說，當時他借給孫文錢是想作救國用，沒想到孫文卻寄回，可見孫文是個忠厚、有信義的人。

當時，因為廣州起義的失敗，海外的興中會會員都有些悲觀失望，檀香山興中會的工作也鬆弛了下來。

孫文重整會務，鼓勵大家說：「革命是一件艱苦的工作，需要堅毅的意志來支持，沒有一次就成功的。

這次失敗了，不值得灰心，我們的事業在蓬勃開展，總會有成功的一天！」他的堅韌和樂觀精神鼓舞了大家，他們又振作起來發展組織、宣傳革命，並為革命募集經費。孫文總結上次失敗的教訓，認識到革命需要訓練有素的軍事幹部，便創辦了「練兵會」，進行操練，學習軍事知識。孫文在檀香山不知疲倦地努力工作着，成效顯著，短短幾個月內華僑的熱情被鼓動起來，募集到六千美元，爭取到更多的革命同情者。孫文深深感到廣大華僑的支持是革命的巨大動力，他要留在國外多做些工作，但他時時關心着國家，懷念着國內的友人，每當想起為救國而犧牲了寶貴生命的志士時，他總是忍不住熱淚滾滾，悲憤地說：「我一定要努力從事救國工作，才不致辜負犧牲了的朋友。」

一天，孫文走在路上，看見有輛馬車從身邊駛過，坐在車上的竟是他的恩師、當年香港西醫書院的教務長康德黎博士，夫婦倆正在檀香山觀光。孫文上前抓住**車轅**①打招呼，康德黎認不出眼前這位西式穿着的年輕人是誰。孫文笑着用英語說：「我是孫逸仙！」

康德黎大喜。他一直很關心孫文的命運，也在打聽他的行蹤，想不到會在此邂逅。康德黎建議孫文到倫敦

---

① **車轅**：大車前部駕牲口的兩根直木。

去宣傳他的主張，並把自己在倫敦的住址告訴了他。這一次街頭奇遇，後來竟救了孫文一命，真是上天巧妙的安排！

1896年10月，孫文到達倫敦，第二天就去拜訪康德黎夫婦。

閒談中，康德黎還跟他開玩笑說：「中國公使館離你旅館很近，要不要去拜訪一下？」兩人都笑了。康夫人擔心地說：「別開玩笑，公使館的人見了你，一定會抓住你，把你送回中國的，你要小心些！」

康夫人說的是事實。清政府知道孫文去歐美，立即派出大批暗探跟蹤，並秘密通知駐各國的公使館緝拿。駐英公使館得到了孫文改裝抵英的情報，正密切注視着他的行動。

在此險惡的環境下，孫文卻置自身安危不顧，仍一心要向國人宣傳革命思想。哪裏有中國人在，他是絕不會放棄宣傳的機會的。

他自信只要真心誠意地去宣傳鼓動，任何一個中國人都會醒悟過來而願造清政府反的。所以他不惜冒着極大的危險，改名換姓，跑進**公使館**去

知識門

公使館：

以公使為首的外交代表機關。公使，由一國派駐在另一國的次於大使一級的外交代表，全稱是「特命全權公使」，所受禮遇僅次於大使，但所享有的外交特權和豁免與大使同。

開展工作！

　　一天，孫文走進公使館，問：「這裏有沒有廣東籍人？」一個名叫鄧廷鏗的翻譯官是廣東人，便出來接見他。

　　孫文自稱姓陳，來此地做生意，很想結識同鄉等等。兩人談得很投契，自此孫文常來找他，言談中漸漸透露出對清政府不滿的情緒，企圖影響鄧廷鏗。鄧開始產生了懷疑，猜測他就是被緝捕的孫文。

　　一次，在閒談時孫文掏出**懷錶**①來看時間，鄧廷鏗見那是一隻上好的金錶，便說：「讓我看看你的錶！」他見到錶上刻着「孫」的英文拼音，便證實了自己的懷疑。但他不動聲色，約孫文明天再來，一起去拜訪某個廣東籍商人。

　　第二天孫文來到公使館，鄧廷鏗請他上樓去看看他的房間。可是一上樓就來了兩個彪形大漢，一左一右把孫文帶入一間空房，關了起來，此時鄧廷鏗也不知跑到哪兒去了。

　　進來了一個白頭髮的英國名人，對孫文說：「應該說，你就是孫逸仙先生了！」

---

① **懷錶**：也叫掛錶。裝在衣袋裏或掛着使用的小型計時儀器，比手錶略大，現已逐步為手錶所代替，很少人使用了。

「我姓陳，你們弄錯了！」

「怎麼會弄錯呀？你不是給李鴻章先生上過書嗎？他已經轉奏朝廷，誇你寫得好呢！現在我們要把你留在這裏，等候朝廷的聖旨。」

孫文知道自己已被識破了，得想法脫身！便說：「至少應該讓我告訴親友一聲吧？」

「不，不用！你缺什麼我們會給你拿來。」

老人不答他，走出房間。他是公使館裏的英籍參贊馬凱尼，這個誘捕計劃就是他和鄧廷鏗共同策劃的。公使館正打算用高價僱一艘輪船，把孫文偷偷運回中國查辦。

孫文知道自己處境十分危險，便請進來打掃房間的一個小僕人為自己送信出去，但那年青人卻把信交給了馬凱尼。

孫文見沒有動靜，又寫了求救的紙條包着銅幣扔出窗外，卻被公使館人員撿獲。

最後，孫文見常常進來為爐子加炭的老僕人柯爾很厚道，便向他求助：「老人家，請你幫我送個信出去，中國皇帝要殺我，就像土耳其蘇丹要殺基督徒一樣。」

參贊：
使館的組成人員之一，是外交代表的主要助理人。外交代表不在時，一般都由參贊以臨時代辦名義暫時代理使館事務。

柯爾是個基督徒，孫文的話打動了他，他回去與妻子商量後，決定冒險幫助這個年青人。

柯爾把孫文寫了字的一張名片帶出使館，送到康德黎家。

康博士正為多日不見孫文而憂心忡忡，見字後馬上行動：康夫人去孫文寓所燒燬有關文件，康博士連夜跑警署、外交部和公使館，但毫無結果，公使館否認抓了孫文。

知識門

蘇丹：

阿拉伯文「蘇丹」一詞意為君主、統治者，十世紀開始被伊斯蘭教國家採用作統治者的稱號。土耳其國內伊斯蘭教徒佔人口的百分之九十八，蘇丹對基督徒採取仇視排擠態度。

後來，英國《地球報》得到消息，來採訪康博士，並用「某革命家在倫敦被誘捕」和「公使館的拘囚」為標題，發表了這新聞。

各報刊紛紛轉載，英國輿論譁然。

此事轟動了全倫敦，幾千市民圍在使館外叫罵：「如果不交出人，我們就把使館砸毀！」在輿論的壓力下，英政府下令中國使館放人，公使館才被迫將囚禁了十二天的孫文釋放。

為了讓世人了解真相，孫文用英文寫了《倫敦被難記》一書，他的名字傳遍全世界，他的革命事業也因此更廣泛地得到各國正義人士的同情和支持。

1. 孫文在廣州起義失敗後為何剪去髮辮、改穿西裝？

2. 孫文在倫敦被拘捕後，是如何脫險的？

六 為革命奔走

孫文脫險後，繼續在倫敦住了近一年。在這段日子裏他幾乎天天都到大英博物館和其他一些圖書館去讀書，每天讀四至七個小時。他的閱讀範圍包括歐美各國有關政治、外交、法律、軍事以及礦業、農業、工程、經濟等方面的書，特別研究各國的憲法。康德黎博士後來回憶說：「孫逸仙在倫敦和我們住在一起時，從來沒有耗費過光陰，他時時都在工作，各種書都能引起他的興趣，而且細心地研究。」

孫文自己也對人說過：「我一生的嗜好，除了革命以外，只有好讀書。我一天不讀書，便不能夠生活。」他既好讀書，也喜歡買書，平時生活簡樸，飲食簡單，煙酒不沾，省下的錢全用來買書，讀完後送給朋友。有段日子孫文的生活十分困窘，連吃飯也成問題了，一些中國留學生湊集了四十英鎊給他救急，不到三天，孫文把這些錢全用來

知識門

憲法：
國家的根本法，具有最高的法律效力，是其他立法工作的根據。通常規定一個國家的社會制度、國家制度、國家機構和公民的基本權利與義務等。

買了一批新書，其中有盧騷的《民約論》，有富蘭克林的《自傳》。他如飢似渴地鑽研各國的政治、經濟理論，從中探求救國真理。他認為生活苦一點沒什麼，少吃一兩頓飯不要緊，學習才是最重要的。

在閱讀時，孫文思考着這樣一個問題：「我覺得歐洲各國已經很民主了，政治制度也很完善，為什麼還會發生革命呢？」他不僅從書本中去找答案，更重視實地調查，經常去參觀考察當地的一些工礦實業，還研究了馬克思的著作。這使他的思想有了個新的飛躍，他認識到：歐洲這些國家雖然富強，民權發達，但還沒解決民生問題，貧富懸殊，所以引起革命。因此我們在推翻滿清、建立民國的同時，也要進行經濟改革，這樣才能一勞永逸。從此孫文開始研究中國的經濟問題，把民生與民族、民權放在同樣重要的地步，形成他的三民主義思想體系。

知識門

盧騷：

也譯作盧梭（1712～1778），法國啟蒙思想運動中激進的資產階級理論家，他寫的《民約論》，是本宣傳革命思想的書。

富蘭克林：

（1706～1790），美國資產階級革命時期的民主主義者，曾參加起草《獨立宣言》。也是科學家，曾發明避雷針。

馬克思：

（1818～1883），普魯士人，革命家。他創立的馬克思主義學說包括哲學唯物主義、政治經濟學和科學社會主義三部分，是世界無產階級革命的指導理論。《資本論》是其最主要的著作。

後來，孫文覺得歐洲沒什麼中國留學生，華僑也少，對革命宣傳工作的推動不大，離中國本土也遠，便決定到日本去開展革命活動。

1897年7月，孫文離開倫敦赴加拿大，在加拿大的華僑中進行了一個月的宣傳活動，八月間乘船到日本。自此後的三年時間，他一直寄居日本。

在此期間，孫文往返於橫濱與東京兩地，一方面宣傳革命，吸收一些華僑參加興中會；另一方面與日本朝野各界人士進行廣泛的接觸與交往，結識了宮琦寅藏、平山周等進步人士，他們對孫文的革命理想和實際行動很佩服，日後都熱心支持和無私援助，成了孫文的終身好友。一次，平山周陪孫文去找旅店住，在旅客登記簿上登記時，為了不暴露孫文的身分，平山周就隨手寫下「中山」兩字，孫文見了很喜歡，從那時候起，就開始使用「孫中山」這個名字。

第二年九、十月間，國內**戊戌變法**失敗，改良派首領康有為、梁啟超先後逃往日本。日本友人想藉此

戊戌變法：
指1898年（農曆戊戌年）以康有為為首的改良主義者通過光緒皇帝所進行的資產階級政治改革，包括學習西方，提倡科學文化，改革政治及教育制度，發展生產等。歷時僅103天，遭到慈禧太后為首的守舊派的強烈反對，光緒被囚，維新派遭捕殺或逃亡國外。也叫百日維新、戊戌維新。

機會促成中國革命派與改良派合作，為了擴大隊伍，孫中山也表示同意，希望爭取使改良派轉到革命的道路上來。通過宮琦、平山周的聯絡，孫中山、陳少白和梁啟超見面談了幾次，商量了一些合作的方法。但康有為堅持保皇的立場，認為「無論如何不能忘記皇上」，不贊成革命，所以合作沒有結果。後來梁啟超去檀香山，孫中山出於好意，介紹他去認識哥哥孫眉及興中會的一些會員。誰知梁啟超到了檀香山後，在興中會會員中宣傳「保皇就是救國」、「名為保皇，實為革命」等主張，使孫眉等很多興中會會員受到影響，紛紛轉向保皇黨，還為他們募到不少捐款。孫中山苦心經營多年的檀香山和橫濱的興中會，在保皇黨的攻勢下削弱不少。1895年至1900年，是孫中山革命事業處於最艱難的時期。但孫中山先生並沒有因此而氣餒。

　　為了廣泛團結愛國志士，孫中山十分重視爭取各地會黨的工作。他曾派人到湖南、湖北等地聯絡**哥老會**[①]，商量聯合反清；又委派陳少白、鄭士良在香港設立聯絡會黨的機關，與廣東三合會取得密切聯繫。後來興中會、**三合會**[②]、哥老會的首領在香港集會，把三會結成大

[①] **哥老會**：幫會的一種，清末在長江流域各地活動成員多是城鄉遊民，最初以「反清復明」為宗旨，後分化為不同支派。

[②] **三合會**：反清秘密結社天老會在廣東的支派。

團體，取名興漢會，一致推選孫中山為會長，由宮琦寅藏把特製的總會長印章帶回日本給孫中山。此事說明人們已經公認孫中山為革命領袖了。

另外，孫中山深深感到革命組織需要有自己的喉舌，來鼓吹宣傳革命，發動群眾。於是他把華僑捐獻的一筆款子交給陳少白，讓他回香港辦報。經過幾個月的籌備，1900年正月，《中國日報》在香港正式出版，報社在中環士丹利街二十四號，那裏也是日後策劃反清活動的基地。《中國日報》得到香港愛國商人的支持和資助，發行了十一年，一直是宣傳革命思想的有力工具，在1901年至1904年，孫中山領導革命派與保皇派的大論戰中，《中國日報》作為革命派機關報，起了極大的作用。

1900年，中國爆發了義和團反帝愛國運動，孫中山一直密切注視着國內局勢的發展。後來八國聯軍進行武裝干涉，清朝統治力量遭到嚴重削弱，孫中山認為時機已到，再次策劃在廣東舉行武裝起義。他和楊衢雲、宮琦等人不避艱險地奔走於日本、香

知識門

義和團：

1900年以農民為主體的中國人民反帝愛國運動，源自義和拳等民間秘密結社，提出「扶清滅洋」口號，一度為慈禧太后利用，後在八國聯軍殘酷鎮壓下失敗。但它阻止了各國列強瓜分中國的陰謀，促進了資產階級民主革命的興起。

港、新加坡之間，具體部署起義的發動、策應和進攻路線等。他們派鄭士良到廣東惠州，集合志士準備起義；史堅如在廣州接應；陳少白、楊衢雲負責接濟軍械；孫中山自己打算繞道香港混入內地組織隊伍，但在半途被人告發，香港政府不准孫中山上岸，他只得轉回日本去台灣等消息。

10月8日，惠州三洲田的山寨起義爆發。鄭士良是當地人，對這裏的人地熟悉。他率領六百勇士猛襲沙灣清軍，擊斃七十餘人，繳槍四十枝，打響了頭一炮。起義隊伍按計劃東進，一路勢如破竹，隊伍增加到兩萬多人。所到之處，百姓燃放炮竹迎接，青年自動參軍，聲勢浩大，士氣很旺。如果起義軍能及時得到軍械彈藥的接濟，可以佔領廣東全省，然後北伐。可惜當時從日本運來的軍火不能進口，起義軍雖屢獲勝利但漸陷困境，糧食及武器供應不上，再加上清軍以重兵圍攻，使鄭士良支持不下去，只好解散隊伍，率少數精兵退往香港，大批起義將士流亡海外。史堅如在廣州得到惠州起義失敗的消息後，非常悲憤，想用炸藥炸燬**巡撫**[①]衙門和炸死兩廣總督及廣東巡撫，可惜未能成功，他自己卻被清軍抓住，壯烈犧牲了。

[①] **巡撫**：古代官名，清代指掌管一省民政、軍政的長官。

　　惠州起義，是孫中山在興中會時期所策劃的一次重要武裝起義，它的規模較大，政治影響深遠。雖然起義失敗了，但它促進了廣大人民羣眾的覺醒和民主革命浪潮的高漲，使革命黨的處境比以前大為好轉。第一次廣州起義失敗時，不少人把孫中山看做是「亂臣賊子」、「大逆不道」，得不到人們的贊同，一些親友視他為洪水猛獸，不敢和他接近。但惠州起義失敗後情況卻完全不同，很多以前咒罵他的人反倒惋惜起義沒成功，認識到革命黨人做得對，同情及贊助革命的人空前增多。孫中山感觸很深，他說：「前後比較，有天地之別。我們看到這種情形，感到的高興和安慰，簡直難以言說！」

　　因此，起義失敗後，孫中山並不灰心喪氣。人民的覺醒和革命形勢的發展大大鼓舞了他。他決心要吸取教訓，作為以後行動的借鑑，要以徹底的革命行動與保皇派劃清界限。自此，他更努力投身於革命事業，自1901年到1904年，他遠涉重洋為革命四處奔走。1901年他在日本橫濱、本州以及檀香山等地，1902年到了香港、日本及越南，成立越南華僑的革命團體；1903又從越南西貢到**暹羅**[①]、日本和檀香山，在檀香山花了半年時間，把興中會從保皇派手中奪了回來；1904年間又去了美國

[①] **暹羅**：泰國的舊稱，由暹國及羅斛兩國於十四世紀中葉合併而成。

的舊金山、華盛頓和紐約等地，住了近一年，並用英文寫了一篇《中國問題之真解決》，向美國朝野闡述中國革命的意義，這是孫中山的首次對外宣言；同年底，接受歐洲留學生的邀請去了英國倫敦、德國和法國。每到一地，他宣傳非革命不能救國的道理，傳播革命思想，建立革命團體，聯合華僑會黨，結交各國朝野人士，爭取他們支持中國革命。孫中山的辛勞沒有白費，越來越多人傾向革命、支持革命，一場猛烈的革命風暴即將來臨。

1. 孫中山不辭勞苦在海外四出奔走，足跡遍及歐、亞、美洲各地，為的是什麼？

2. 惠州起義失敗後，革命形勢起了些什麼變化？

七 失敗是成功之母

這世界，不得了！

富的富得不得了，

窮的窮得不得了。

不造反，不得了！

這是當年社會上普遍流傳着的一首歌謠，從中可見廣大百姓對黑暗社會的不滿情緒，以及要奮起造反的強烈心聲。《辛丑條約》簽訂後，清政府完全拜倒在洋人腳下，出賣國家利益；對百姓的剝削敲詐也變本加厲，造成貧富兩極分化，百姓苦不堪言，紛紛起來造反。1903年到1905年這兩年裏，隨着反清運動的發展，中國各地陸續出現一些反清革命小團體，他們的目標和興中會一樣，要用革命手段推翻清朝，其中主要的有：黃興、宋教仁領導的華興會，以湖南湖

知識門

《辛丑條約》：

八國聯軍攻佔北京後，強迫清政府訂立的條約。1901年9月7日由清政府全權代表奕劻、李鴻章與英、美、俄、德、日、奧、法、意、西、荷、比十一國代表在北京簽訂，中國賠款四億五千萬兩白銀。通過這一條約，各國列強進一步對中國的軍事、政治、經濟等方面加強了控制和掠奪，清政府已完全成為帝國主義統治中國的工具。

北留日學生為中心；蔡元培、章炳麟領導的光復會，以江浙一帶知識分子為主；以及湖北的日知會等。這些組織各自匯聚着社會上一部分反清力量，但活動分散，難以採取一致步調。

知識門

日知會：

清末湖北革命團體，1905年由劉靜庵、曹亞伯等組織，以利用美國聖公會所設日知會閱報室而得名，吸收新軍及學生參加。

孫中山看到革命形勢在發展，知識分子中革命傾向越來越明顯，很受鼓舞。他以前較看重在會黨中發展革命力量，這時起他增加了與知識分子的接觸，開始重視和注意團結知識分子。當時在日本的中國留學生已有一萬多人，加上國內一些革命團體的骨幹分子因起義失敗，也先後流亡日本，東京出現了中國革命派羣英集匯的場面。這些革命人士對孫中山的愛國熱忱和為革命戰鬥的堅強意志仰慕已久，急盼在東京和他見面。

孫中山於1905年6月回到東京，打算把分散的革命力量組織起來。他一下船就問宮琦寅藏：「近來中國留學生增加了很多，其中有沒有傑出的人才？」

「有，我正要向你介紹黃興，一個湖南人，是個不平凡的人物。」

孫中山很高興：「走，我們馬上去見他。」

宮琦阻止他：「連口茶都不喝就走？你真性急。而且你是他的前輩，我帶他來見你吧。」

孫中山說：「這樣的事沒有什麼前輩後輩之分，是我要找他的，應該我們去。」

他們到了黃興寓所，黃興正和一羣留學生在聚談，宮琦把他叫了出來。黃興是個剛正豪爽的熱血青年，他一眼就認出了孫中山，高興得叫了出來。三人到餐館去敍談，孫中山誠懇地對黃興說：「我們興中會希望首先和華興會聯合，然後再去聯合其他革命團體，共同革命。」黃興非常同意。他們一見如故，暢談了很久。後來孫中山又去《二十世紀之支那》雜誌社，與華興社的另外兩名骨幹宋教仁、陳天華交談，他們見大名鼎鼎的孫中山親自找上門來，十分感動。陳天華說：「我們組織長沙起義，花了很大力氣，還沒開始就失敗了！」

《二十世紀之支那》：
1905年華興會骨幹因長沙起義失敗而流亡日本，宋教仁、陳天華、田桐等人創辦此雜誌宣傳反清革命思想，同盟會成立後改為機關報《民報》。

孫中山也覺得很惋惜，他分析說：「我們興中會的兩次起義也是這樣失敗了。看來各省獨立行事，不相聯絡，成功的希望很微。如果各國乘機干涉，中國就必亡無疑。所以我們要以聯合為重，建立一個統一的革命團

體。」

　　大家都有同感，迫切希望儘快成立一個統一的革命團體來領導革命。

　　經過充分醞釀，7月30日，孫中山邀集了各方有志革命的人士七十餘人，召開了一個成立組織的籌備會議。全國除了甘肅省外，其他十七省都有人到會。與會者包括興中會、華興會、光復會、科學補習所的主要成員、留學生團體的代表等。孫中山作為發起人，首先演說，陳述了革命形勢和聯合的必要。大家沒有異議，推孫中山為會議主席，主持討論新團體的名稱和宗旨。關於名稱，有人提議：「我們大家的目標都是推翻滿清，叫『對滿同盟會』吧！」

科學補習所：
清末湖北革命團體，1904年7月由呂大森、劉靜庵等人在武昌組成，以「革命排滿」為宗旨，借研究科學為名，在學校和新軍暗中進行革命活動，曾與華興會聯繫，準備響應長沙起義。

　　孫中山說：「我們革命的目的不專在排滿，是要廢除專制，創造共和。是不是叫『中國革命同盟會』比較好？」

　　大家都很贊成，黃興說：「我們這個組識還是秘密的，不加上『革命』兩字為好，會員行動也較方便些。」經討論後，定名為「中國同盟會」，簡稱「同盟

會」。

接着討論宗旨。孫中山提出「驅除韃虜，恢復中華，創立民國，平均地權」十六字，有不少人對「平均地權」不大理解，要求取消。孫中山解釋説：「平均地權是解決社會問題的第一步。我們是世界上最新的革命黨，要看得遠些，不只解決種族和政治兩大問題，必須連帶解決將來最困難的社會問題，才能建立一個富強的國家。」雖然少數人仍持保留態度，但這宗旨終於獲得通過。

後來，與會者簽名宣誓，並規定了以後同志之間見面時用握手的禮節和三個秘密口號，現在中國人見面時互相握手的習慣也是自此開始的。

最後，孫中山和各會員一一握手祝賀説：「從今天起，我們已不是清朝人了！」正在此時，房間後面忽然傳來木板倒塌的一聲巨響，嚇了眾人一跳。孫中山詼諧地説：「這是顛覆滿清的預兆啊！」大家興奮得鼓掌歡呼。

知識門

平均地權：

三民主義的綱領之一，孫中山所主張的解決中國土地問題的方針。主張用徵收地價稅和土地增價歸公的辦法，消除地主獲得暴利的可能性。

三個秘密口號：

即暗號，彼此約定的聯絡信號，一是「漢人」，二是「中國事務」，三是「天下事」。

經過二十多天的籌備後，8月20日下午舉行了同盟會正式成立大會，出席者有三百多人。會上通過了黃興等人起草的章程，總部就設在東京，公議孫中山先生為總理，並通過了把《二十世紀之支那》雜誌改為同盟會機關報，定名為《民報》。

中國同盟會的成立，是孫中山領導的民主革命發展過程中的一個重要里程碑。它集合起全國的反清革命力量，把分散的革命小團體統一起來，使全國革命從此有了一個指導中心，加速了民主革命的步伐。

後來，海內外各地建立了分會，不到一年，會員擴展到一萬人以上。因此，孫中山更增強了革命必勝的信念，他後來回憶說：「從此革命風潮一日千里，其進步之速，實出人意表。」

在同盟會機關報《民報》11月的創刊號上，孫中山發表了**發刊詞**①，進一步闡述了十六字綱領，並首次公開提出了「三民主義」的革命號召：民族主義——推翻滿族統治，恢復漢族政權；民權主義——推翻封建君主

知識門

三民主義：
這裏是指孫中山在民主革命初期指出的舊三民主義——民族主義、民權主義、民生主義，是當時革命的政治綱領。1924年孫中山重新解釋了三民主義，是為新三民主義。

---

① **發刊詞**：刊物創刊號上說明本刊的宗旨、性質等的文章。

專制制度，建立民主共和國；民生主義——用「平均地權」的辦法防止貧富分化。他還曾解釋說：「我們革命的目的是為眾生謀幸福。因不願少數滿洲人專利，故要民族革命；不願君主一人專利，故要政治革命；不願少數富人專利，故要社會革命。」

三民主義是孫中山學習西方經驗後結合中國實際提出的革命學說，是比較完整的民主革命綱領，是孫中山對民主革命的巨大貢獻。

同盟會成立後，孫中山將主要精力放在組織反清的武裝起義上。與興中會時期相比，同盟會的條件有利多了。

1907年至1911年的四年中，孫中山連續組織和領導了南方各省的八次武裝起義——1907年5月的潮州、黃岡起義，6月惠州七女湖起義，9月欽州、廉城、防城起義，12月鎮南關起義，1908年3月欽州篤山起義，4月雲南河口起義，1910年2月廣州新軍

鎮南關：

舊關名，在廣西省西南，與越南毗鄰，地勢險要，為中國邊防要隘。一稱大南關，又名界首關，後改名睦南關，現名友誼關。

新軍：

清末編練的新式陸軍。1895年清政府在中日甲午戰爭失敗後，清政府以倡辦新政的名義改編軍隊，計劃在全國編練新軍三十六鎮，包括步、馬、炮、工程、輜重等兵種，借以鞏固垂危的統治。後來只編成二十六鎮，其中的下級軍官和士兵很多傾向革命。

起義以及1911年4月的黃花崗起義。

　　鎮南關起義是孫中山坐鎮越南河內指揮的，起義軍佔領三座炮台後，孫中山和黃興步行一整天，親自到營地上指揮作戰，為傷兵包紮傷口，鼓舞士氣。這是孫中山自1895年廣州起義失敗流亡國外十二年後，第一次踏上祖國土地。他很興奮，並親自向敵軍發了一炮，打中敵軍陣地。他高興地說：「我反清二十多年，今天才能親自放炮攻擊敵軍，真是難得的機會啊！」

　　有人奇怪地問：「你不是軍人，怎會放炮？」

　　孫中山說：「我是從軍事書裏學來的。」

　　原來他也曾閱讀大量軍事著作，並曾在檀香山參加軍事訓練，在日本辦過軍事學校，具有豐富的軍事知識呢！

　　鎮南關起義失敗後，越南政府也趕孫中山出境。自此，孫中山不但不能回國，連鄰近中國的日本、香港、越南、南洋等地都不能居留，他嗟歎說：「東亞大陸之廣，南洋島嶼之多，竟無一寸是我立足之地。」

　　迫不得已，孫中山只好委託黃興去香港主持起義的籌備工作，他再度前往美洲，在美國和加拿大向華僑宣傳革命，發展會員，募集款項。僅三月份他就籌到港幣七萬多元，他自己省吃少用，把捐款全部寄給香港同盟

會，有力支持了革命。

所有這些武裝起義雖然失敗了，但它們沉重打擊了清皇朝，使革命思想深入人心。尤其是廣州黃花崗起義，起義軍堅持戰鬥一夜，殺傷清軍無數，八十六烈士英勇獻身。此事震動全國，影響極大。清皇朝如同坐在火山口上，岌岌可危了。

 想一想

1. 中國同盟會的成立有什麼意義？

2. 孫中山流亡海外，領導起義又屢遭失敗，是什麼在支持着他永不言敗？

八 推翻封建皇朝

　　黃花崗起義失敗的消息傳來時，孫中山正在芝加哥籌募革命經費，他心中十分焦急，立刻發電報到香港詢問詳情，想知道同志們是否安好。那幾天他雖然照舊天天去各地開會演講，但是一直愁眉不展，心頭像是壓着一塊大石。後來香港來電話回覆，告知黃興、朱執信等人都安全脫險，孫中山才鬆了口氣說：「這就好，一切還有辦法。」他立即向革命黨人明確指出，必須儘快行動，準備再發動一次大規模的起義，並滿懷信心地說：「無論從哪個省下手，一得了立足之地，各省就會望風歸向。」

　　太祖年號洪武的洪字為代稱，入會者均稱洪門或洪家兄弟。長期在長江、珠江流域秘密活動，並在海外華僑中建立致公堂等組織。孫中山曾於

知識門

洪門：

又稱「洪幫」或「紅幫」，清民間秘密結社之一。原為天地會的對內名稱，以「反清復明」為宗旨，相傳以明太祖年號洪武的洪字為代稱，入會者均稱洪門或洪家兄弟。長期在長江、珠江流域秘密活動，並在海外華僑中建立致公堂等組織。孫中山曾於1903年在檀香山加入洪門，宣傳反清思想。

74

1903年在檀香山加入洪門，宣傳反清思想。

為了給再次起義籌集資金，孫中山來到舊金山，當時舊金山是一個對美洲大陸華僑有着很大影響的城市，同盟會的美洲支部以及洪門的致公總堂也在這裏。孫中山促使兩大組織聯合起來，同盟會會員都加入洪門，成立籌餉局分兩路到美國南北籌款。

1911年5月，清政府宣布把商辦的鐵路國有化，實際上是把修築鐵路的主權賣給外國。這引起了廣大人民羣眾的極大憤慨，湖南、湖北和廣東、四川四省迅速掀起了民眾的保路運動，人們的反清情緒高漲。同盟會的一些領導人看到全國已經動盪起來，革命一觸即發，認為這正是起義良機，便主張由革命力量充實的武漢首先發動起義。

二十世紀初期，湖北的革命黨人就相繼組織了許多革命團體，宣傳革命思想，發展革命力量。他們着重在湖北新軍、會黨和青年知識分子中做工作，一些知識分子投筆從戎，長期在新軍中進行**策反**①，把一部分下級軍官和廣大士兵逐漸爭取到革命方面來。武昌起義前夕，新軍中有三分之一的人同情革命，加入了組織。

當時湖北主要的革命團體是共進會和文學社，領導

① **策反**：深入敵對一方的內部，秘密進行鼓動，使敵對一方的人倒戈。

人是孫武、蔣翊武等。孫武本名孫葆仁，因為追隨孫文革命，改名孫武，自稱是孫文的弟弟。他們本來是準備在湖北響應廣州起義的，起義失敗後，骨幹成員在武昌舉行秘密會議，商討對策。

孫武從漢口帶來一份上海革命黨報，報上登的消息說黃興陣亡，其餘領袖被捕。大家傳閱後默不作聲。共進社的領導人之一居正說：「我推測這消息不一定確實，也許是要緩和官兵追捕的**煙幕彈**①呢。我們不必洩氣，還是好好研究今後如何做吧。」

孫武說：「現在廣東沒希望了，就由我們兩湖首先起義，我們要化被動為主動，各位贊成嗎？」

眾人都同意，就決定兩個組織聯合起來，在文學社的武昌機關地設立總部，文學社社長蔣翊武任總司令，共進會軍事部長孫武任參謀長。他們派人去上海與同盟

知識門

共進會：
1907年成立於日本的革命團體，領導人是同盟會會員，以同盟會的綱領為綱領，1909年又在漢口設立共進會，領導人是孫武、焦達峯等。

文學社：
清末湖北革命團體，原名振武學社。蔣翊武為社長，主要工作是通過新軍各營代表掌握武裝，吸收社員三千多人。

---

① **煙幕彈**：原意是爆炸時可以形成煙幕的炮彈或炸彈，也叫發煙彈。現往往用以比喻掩蓋真相或本意的語言或行為。

會中部總會取得聯繫，知道黃興在香港，便發信請他前來主持起義。黃興支持起義，但覺得經費還不夠，就急電在美洲的孫中山設法籌款。

起義日期定在中秋節，陽曆是10月6日。後因來不及準備，推遲十天。10月9日上午，孫武等人在漢口俄租界的機關樓裏配製炸彈，有人不小心，把煙灰掉入炸藥裏，「轟」地一聲引起爆炸，大樓窗玻璃都被震碎，濃煙瀰漫全樓。孫武受了重傷，血流滿面，昏倒在地。在場同志急忙用被子包着孫武的頭，扶出後門送醫院救治。其餘人趕忙把炸藥材料運出屋外，沒顧得上帶走櫃子裏的其他東西。濃煙從窗口冒出，四鄰急呼救火，驚動了租界內的俄國巡捕，他們趕來大肆搜捕，把準備起義用的旗幟、名冊、文件、印鈐、袖章等統統帶走。在武昌督署審訊時，有人洩露了實情，暴露了革命組織和活動情況。當晚，湖廣總督瑞澂下令關閉城門，按名冊分途搜捕革命黨人，又有幾處革命機關被

租界：

帝國主義國家強迫半殖民地國家在通商都市內「租借」給他們的地區，實際上是劃出一定的區域給外僑「居住和經商」，他們往往奪得該地區的管理權，並享有種種特權，是帝國主義列強加深侵略和進行罪惡活動的據點。

印鈐：

舊時機關用圖章，一般是長形，不如印那麼鄭重。

破獲，領導起義人員被捕、被殺，或受傷或逃脫，城內形勢緊張，這是武昌極為恐怖的一夜。

第二天，已加入革命黨的新軍官兵，感到與其坐着被捕，不如及時起義，才可絕處求生。他們便自行聯繫，約定當晚十二時，以南湖炮隊鳴炮為號，各營隊革命同志同時並舉。於是大家分頭到各軍去部署。

事到臨頭，又發生了新的情況：10日晚上七點鐘，武昌城內新軍第八鎮**工程營**[①]一個排長陶啟勝帶着兩個士兵巡營，發現士兵們在熊秉坤帶領下正在擦槍、裝子彈，陶啟勝厲聲喊道：「你們在幹什麼？想造反嗎？」

一個叫金兆龍的士兵答道：「造反就造反，怎麼樣！」陶啟勝命令士兵綁起金兆龍，金揚臂高呼：「同志們，反吧！還要等到什麼時候？」陶啟勝轉身要逃，被士兵開槍，打中腰部，武昌起義的第一槍就這樣打響了！

革命黨工程營總代表熊秉坤鳴笛集合了四十多士兵衝出營房，直奔楚望台軍械庫，各路人馬也來此集合。守軍械庫的**隊官**[②]吳兆麟響應革命，被推選為指揮官。革

[①] **工程營**：在軍隊裏擔任複雜的工程保障任務的營隊，執行構築工事、架橋、築路、偽裝、設置和排除障礙物等工程任務。舊稱工兵營。

[②] **隊官**：職級相當於連長的軍官。

命黨人佔領了軍械庫，得到充足的軍火裝備，便向總督衙門進攻。南湖炮隊也向總督署發炮，配合攻勢。總督瑞澂見炮彈已落到院內，嚇得魂飛魄散，忙率領妻妾家小，倉皇登上早就準備好的兵艦逃走了。瑞澂一走，受命固守的第八鎮**統制**①張彪也立即溜了，清軍失去指揮，軍心已亂，加上吳兆麟指揮得當，起義隊伍在次日清晨攻克總督府，武昌光復。

12日漢口光復，13日漢陽光復。革命軍得到清軍庫存約四千萬元，經濟力量充裕，局勢穩定了下來。10月11日湖北省軍政府成立，推舉清軍第二十一混成協的**協統**②黎元洪為**都督**③。因為當時缺乏一個有號召力有聲望的領袖——孫中山遠在美國，黃興在香港，起義總司令蔣翊武也在外地，發動起義的熊秉坤和吳兆麟地位太低，不足以號召天下。看來只有頗得軍心的黎元洪最合適，便請他出來當都督。其實這黎元洪並沒有什麼革命思想，只是在革命軍的脅迫下勉強上任。所以連外國人聽了也覺得奇怪，説：「萬萬沒有想到，黎協統竟也是革命黨人！」

---

① **統制**：官名。清末軍制，統轄一鎮的長官叫統制，也叫鎮統。

② **協統**：清末新軍制，兩標（團）為一協（旅），協的最高統帥是統領，也稱為協統。

③ **都督**：官名，是地方最高軍政長官。

12日，革命黨以黎元洪名義通電全國，宣告已佔領武昌，請各地響應；又致電上海，促黃興、居正、宋教仁來武昌，並轉請孫中山回國主持大計。黃興於十月底到達武昌，他曾多次組織武裝起義，而且身先士卒，臨危不懼，威名早就遠揚，軍政府任命他為全軍總司令。

孫中山是在12日上午從報紙上讀到這則振奮人心的消息的：「武昌為革命軍佔領」。他心情十分激動，很想立即回國親自指揮作戰，但他想到共和國即將成立，成立後首先會面臨外交和財政上的困難，因此目前先要進行外交活動。他自美國到倫敦，進行了一系列的工作，最後爭取到英國政府同意以下三點：一、停止對滿清政府一切借款；二、制止日本政府援助清政府；三、取消英屬各地對孫中山的放逐令，以便他取道回國。於是，孫中山經法國回國。

此時，全國各省已紛紛仿效武昌起義的做法，脫離清政府，宣布獨立，成立軍政府。各省派出代表，開會討論成立中央臨時政府。同盟會領導人接連打電報催孫中山回國。12月25日，在海外流亡了十六年的孫中山回到上海，受到各界熱烈歡迎。有記者問他：「這次你帶了多少錢、多少武器回來北伐？」他回答説：「我帶回來的是革命精神！」

29日，各省代表在南京開會籌組臨時政府。在有效的十七票中，孫中山以十六票的絕對多數當選為第一任大總統。1912年1月1日，孫中山在南京就職臨時總統，宣告中華民國臨時政府成立，宣布改用陽曆，1912年為民國元年，並以**五色旗**為國旗。

3月8日公布了《中華民國臨時**約法**①》，宣布廢除封建帝制和建立民主共和制，並規定了人民的民主自由權。這是中國的首部憲法，是中國歷史上的創舉。

孫中山擔任大總統期間，曾先後頒布了三十多個法令和措施，革除陋習、保障人權和發展經濟。較重要的有：限期剪去髮辮、勸禁纏足、禁止刑訊、禁止買賣人口、保護華僑、嚴禁鴉片、禁止賭博、**廢止跪拜**、改變稱呼、男女平等、民族平等、振興實業、廢除苛稅、提倡國貨等，這些政策法令利國益民，

知識門

五色旗：

因為江、浙、滬革命聯軍攻克南京時曾用五色旗，故代表會議定以五色旗作國旗。當時孫中山不同意，主張以青天白日旗為國旗，但代表會議認為青天白日旗是同盟會制定，不能代表全國意義。所以五色旗自1911至1927年為中國國旗。五色即紅、黃、藍、白、黑，表示漢、滿、蒙、回、藏五族共和。

廢止跪拜：

跪拜之禮，是封建專制時代一種提倡愚忠愚孝的封建禮節，反映人格上的不平等，要求被統治者在統治者面前俯首叩拜，這與人權說是不相容的。孫中山提出廢止跪拜禮，以鞠躬禮代替。

---

① **約法**：暫行的具有憲法性質的文件。

深得人心。

　　孫中山雖做了大總統，但仍保持他生活儉樸、廉潔奉公、不謀私利的一貫作風。他住在簡陋的小樓裏，身穿粗呢舊大衣，與其他職員一樣不領薪水，身上常常一文不名。有一次，他身穿便服，步行去會場演講，竟被警衞以為是閒人而攔住不讓進去。廣東省各界人士曾竭力推薦孫眉當都督，孫眉是最早的興中會會員，曾為支援革命傾家蕩產，貢獻很大。但孫中山認為政治不是哥哥孫眉的特長，他不能擔此大任，就沒作此安排。孫眉也有些不滿意，有一次與孫中山談起時，有些責怪之意。孫中山説：「你是我大哥，家裏的事，我可以聽你的；國家的事，可就不能隨便。我這樣做，也是為你好啊。」

　　孫中山的作風平易近人，一掃舊官僚講排場擺架子和注重繁文縟節的陳規陋習。他不要別人稱他大總統，不許呼萬歲，他説：「總統在職一天，就是國民的公僕，為全國民眾服務。」華僑就直呼他孫文。人們可以當面批評他，與他爭辯。他還規定政府的男工作人員，無論官階大小，都穿同樣的制服，就是流行至今的中山裝。他所倡導的這

知識門

中山裝：

相傳是由孫中山親自設計的，上身左右各有兩個帶蓋子和扣子的口袋，小翻領；下身是西式長褲。孫中山誇這種衣服又方便又美觀。

種平民化作風，在南京政府中開創了前所沒有的民主風氣。

　　辛亥革命的成功和南京臨時政府的成立，是孫中山領導人民多年奮鬥的結果。1912年2月12日，清朝皇帝溥儀被迫退位，統治中國二百六十八年的清帝國終於被推翻，綿延中國兩千多年的封建專制制度宣告終結，這是中國歷史上一個重大的轉折。

知識門

辛亥革命：

因為1911年在中國農曆是辛亥年，所以武昌起義被稱為辛亥革命。

溥儀：

（1906~1967），即宣統皇帝，滿族，姓愛新覺羅，載灃之子，清朝末代皇帝。

想一想

1. 辛亥革命有什麼意義？

2. 孫中山當了大總統之後仍然保持着什麼樣的作風？

九 志同道合的革命伴侶

孫中山建立了民主共和國的雛型，中國即將開始一個新紀元。可惜的是，孫中山只擔任了三個月的大總統，辛亥革命的果實即被北洋軍閥袁世凱篡奪了。

武昌起義使清政府驚恐萬分，在形勢的壓力下只得任命袁世凱為內閣[①]總理大臣，組織內閣。

善於玩弄兩面手段的袁世凱得到各國列強的支持，一面指揮清軍南下圍攻革命軍，卻又不急於進攻，利用革命力量來威脅清政府向他讓權；一面又派人到武昌試探議和，提出若是能讓他當總統，他可以贊成共和。

孫中山本來不主張議和，而是要繼續北伐，把革命進行到底的。但是他面對着複雜嚴峻的形勢：革命派內部意見分歧，連黃興在內的一些領導人都認為只要推翻滿清皇朝，革命就是成功了，所以他們認為北方實力

知識門

北洋軍閥：

袁世凱建立的封建軍閥集團。1895年，清政府命袁在天津小站編練「新建陸軍」，歸北洋大臣管轄。1901年，袁任北洋大臣，所建軍隊稱為北洋軍。

[①] **內閣**：明清兩代的中央政務機構。

派袁世凱能幫助革命派達到這個目的。實際上在孫中山回國之前，南北雙方就已開始談判，並簽訂了「先推翻清政府者，為大總統」的和約。孫中山派出的北伐軍起初雖告捷，但後來受到西方列強的干涉與牽制，被阻前進。另外，臨時政府面臨外交和經濟的困境，各國列強一心扶植袁世凱作他們的代理人，不承認南京政府，不提供貸款，臨時政府無錢應付龐大的開支，連**軍餉**[1]也發不出，萬分窘困。

孫中山革命到底的主張首先受到同盟會黨人的反對，他在臨時政府中被孤立了起來。

這時他的心情是很鬱悶的，當時有人向他祝賀説：「我們以前的志願今天已成事實了，真痛快！」孫中山皺着眉頭説：「痛快什麼呀，真苦惱呢！」後來他在給南洋同志的信上説：「我雖當了總統，但如同木偶，一切都不由得我主張。」

後來，孫中山的想法也有些改變了。

他知道自己手中沒有一支強大的軍隊，要早日北伐推翻滿清政府很困難，如果能利用袁世凱也未嘗不可。自己如能用辭去大總統這種犧牲自我的行為救國，可望早日實現共和統一，也可避免流血，結束戰爭。同時，

---

[1] **軍餉**：軍人的薪俸，以及伙食、牲畜的飼料和炊事燃料等物資。

孫中山對袁世凱也抱有一定幻想，認為他也是漢族人，
應會站在國民一邊。

　　所以4月1日，孫中山辭去臨時政府大總統職位，由
袁世凱繼任。孫中山接受任命為鐵路
督辦，他認為要用振興實業來振興中
國，首先從修造鐵路着手，計劃十年
內修築二十萬里鐵路。所以他又東渡
日本，去考察和籌款。

　　這時，同盟會改組後的國民黨在
國會大選中取得多數席位，代理理事
長宋教仁滿懷信心，準備組織責任內
閣。

　　袁世凱對此恨之入骨，他先賄
賂宋教仁，被宋拒絕。袁就下毒手，
1913年3月派人在上海車站刺殺了宋
教仁。這件事使孫中山猛醒過來，拋
開了對袁世凱的幻想，立刻回國組織「二次革命」討伐
袁世凱。但是國民黨渙散無力，內部矛盾重重，敵不住
袁軍猖狂進攻，南京陷落。「二次革命」不到兩個月完
全失敗，袁世凱通緝孫中山等人，孫中山被迫再次流亡
日本。

知識門

督辦：
清代後期，中央及地
方都有臨時設置的機
構，其主管官員權力
很大，身分也特別
高，稱為督辦。

責任內閣：
資本主義國家對議會
負責的內閣，總攬行
政權力的政權組織形
式，由獲得議會多數
席位的幾個政黨聯合
組成，首腦為總理或
首相。

　　那是1913年的事，那年夏天，孫中山的生活裏發生了另一件重大的事。

　　8月底的一個晚上，孫中山的好友宋耀如帶着他的兩個女兒——藹齡和慶齡來訪。藹齡是孫中山的秘書，兩人十分熟絡，但藹齡的妹妹慶齡，孫中山已是多年沒見了。只見這位二十來歲的姑娘，羞紅着臉，低聲叫了聲「孫先生！」遞上一封信和一籃水果説：「這是你在加州的朋友叫我帶給你的。」

　　孫中山驚訝地説：「是慶齡啊！長這麼大，我都認不出來了！」眼前這位姑娘有着圓圓的臉龐、黑亮的雙眼、兩道彎彎的眉毛，長得十分端莊秀麗。

　　宋耀如在一旁笑着説：「你那時在上海見到她，她只不過是個小孩，黃毛丫頭十八變嘛！」

　　宋耀如是孫中山革命早期的朋友和熱情支持者。他是基督徒，在美國受了教會教育後作為一個**牧師**①回到上海，但不久就放棄神職改為經商，是外國機械產品在上海的第一個代理商。自從認識孫中山後，為他的革命理想所鼓舞，成為他親密的戰友。宋耀如捐了很多錢作革命經費，又開了一家印刷廠，以印刷《聖經》為掩護大

---

① **牧師**：信教（基督教）的一種神職人員，負責教徒的宗教生活，並管理教堂事務。

量印刷革命宣傳品。孫中山每次到上海都住在他家，耀如的三個女兒——藹齡、慶齡、美齡和三個兒子——子文、子良、子安，很喜歡這位溫文爾雅的叔叔，待他同自家人一樣。

慶齡十五歲那年，和姐姐一樣，被父母送到美國去讀書，主修哲學。她勤奮好學，關心中國的命運和世界大事。

她自幼對孫中山非常愛戴和仰慕，孫中山的為人和革命精神在她心中留下深刻印象，是她心目中了不起的革命英雄。她常對人說要像孫中山那樣生活才有意義。武昌起義爆發後，宋耀如寄了一面五色旗給慶齡，她收到後非常激動，把掛在女生宿舍牆上的**黃龍旗**[①]扯下來，高喊：「打倒龍旗，共和國萬歲！」並連夜寫了篇文章《二十世紀最偉大的事件》，登在校刊上。她以優異成績畢業，獲得文學士學位。她決定回國投身革命，渴望見到心中的偶像孫中山先生。

那時她的父母因「二次革命」失敗而受牽連，暫住東京避難。所以慶齡一回到東京與父母家人見面後，第二天就來拜訪孫中山。

自此，慶齡就常常來孫中山住處走動。雖然當時

[①] **黃龍旗**：是清朝的國旗。

的孫中山已不是大總統，而是遭通緝的政治流亡者，但慶齡和她家人都深信，孫中山「是一位能夠拯救中國的人」，全心全意支持他的工作，幫他翻譯和處理文件。孫中山患病時，姐妹倆悉心照顧他。

1914年6月，藹齡下嫁孔祥熙，慶齡就代替她正式成了孫中山的秘書。她認真負責地幫助孫中山整理文件、處理函電、保管經費、對外聯絡等，工作得很愉快。她曾寫信給美齡説：「我從沒有這樣快活過。我想，這類事就是我從小就想要做的。我真的接近了革命運動的中心。」

在共同工作中，她更了解孫中山革命精神和人格，她從崇拜這位革命家發展到對他產生了愛情。孫中山在當時危難的時刻，從慶齡的真誠相助中得到了莫大的支持與鼓舞，振興中華的共同革命理想使兩人彼此吸引，默默相愛。

後來，是慶齡勇敢地向孫中山表示：「我願做你的妻子，永遠幫你工作，照顧你的生活。」

孫中山很猶疑：「你還那麼年輕……我是不值得你

知識門

孔祥熙：

（1880～1967），山西太谷人，相傳是孔子第七十五代裔孫。曾留學美國，歷任山西都督閻錫山顧問、廣東革命政府財政廳廳長，長期在國民黨政府中控制財權，大事斂聚，是蔣、宋、孔、陳四大家族之一。

考慮的人，我已老了……」

慶齡堅定地說：「但是革命可不管年齡，革命需要我們在一起！」

孫中山要慶齡慎重考慮，並一定要取得她父母的同意。慶齡父母此時已回上海，她就回去告訴他們此事，父母竭力反對，但慶齡主意已定，她給弟弟子文的信上說：「自己僅有的歡樂，只有和孫博士在一起工作時，才能獲得。」

孫中山在十九歲時，曾奉父母之命在老家娶盧氏為妻，育有三子女，但兩人長期分開，在精神、志趣、知識等方面距離很大。遇到慶齡後，他才「感到有生以來第一次遇到愛，知道了戀愛的苦樂。」

不久，在雙方同意的基礎上他和盧氏簽訂了離婚協議書。為了尊重盧氏的地位，處理方式上名為分居。然後孫中山派人送信到上海，告知慶齡此事。慶齡就從家裏逃出來，回到東京。

1915年10月25日，孫中山與宋慶齡這對革命伴侶正式登記結婚，結為夫婦。

消息傳到國內，許多革命青年都感到鼓舞，他們把孫宋結合看成是反對舊禮教習俗、追求個性解放的象徵，許多青年也起來反對家庭包辦的封建婚姻，追求婚

姻自主。

婚後，慶齡仍作孫中山的秘書，兩人生活得很幸福。孫中山在三年後給英籍老師康德黎的信上説：「我的妻子是受過美國大學教育的女性，是我的最早合作者和朋友的女兒。我開始了一種新的生活，這是我過去從未享受過的真正的家庭生活。我能與自己的知心朋友和助手生活在一起，我是多麼幸福！」

孫中山和宋慶齡的結合，對兩人的革命生涯都產生了重大影響。在此後十年孫中山進行的一系列鬥爭中，慶齡陪伴左右積極參與，在推進革命方面起了積極作用。

她一方面深受孫中山革命思想的影響，另一方面又幫助孫中山革命思想的發展，在孫中山逝世後她堅定不移地堅持和維護孫中山的革命理想，成為一位偉大的愛國主義政治家和社會活動家及領袖人物，成為中國近代現代革命史上一位傑出女性。從而贏得中國人民和世界人民的尊敬。

1981年宋慶齡被授予中華人民共和國名譽主席的榮譽稱號。

名譽主席：

即名義上的主席。職銜上加「名譽」兩字，一般指贈給的名義，含有尊重的意思。

93

1. 為什麼在孫中山十分失意和困難的時候，宋慶齡仍要追隨他革命？

2. 在孫中山的革命生涯裏，宋慶齡起了什麼作用？

十　壯志未酬

　　這時，國內的形勢越來越混亂。竊國大盜袁世凱的野心日益暴露：他見國會裏國民黨員佔了一半多，對他不利，便找個藉口解散了國會；又公布了一個新約法，取消《臨時約法》。按新約法的規定，總統獨攬大權而且可以終身做下去。這還不夠，1915年5月，袁世凱竟然與日本簽訂《二十一條》，來換取日本支持他登上皇位。孫中山一方面在日本發表《討袁宣言》，痛斥袁世凱復辟帝制的倒行逆施行為；另方面組織各地討袁運動，並於1916年4月偕同宋慶齡化裝回到上海，親自指揮反袁鬥爭。

知識門

《二十一條》：
日本利用第一次世界大戰的時機，向袁世凱政府提出的秘密條款，旨在獨佔中國。

　　雲南省的蔡鍔首先組成護國軍，宣布獨立。各省紛紛響應，先後宣布獨立。袁世凱見勢不妙，只得宣布取消披龍袍[①]登位計劃。皇帝夢落了空，

[①] 龍袍：皇帝所穿的袍，上面繡有龍形圖紋。袁世凱於 1915 年 12 月 12 日宣布恢復帝制，13 日接受文武官員的朝賀，並成立帝制大典籌備處，準備 1916 年元旦舉行登基大典，並改年號為洪憲元年。當時準備用八十萬元製龍袍。

袁世凱又氣又惱，不久生了場大病，便一命嗚呼了。這場護國戰爭勝利結束，也稱作「三次革命」。

這段日子，孫中山夫婦在上海租了間房子住。一次，四位加拿大華僑來拜訪他，出門後他們問衛士：「孫先生住的房子是他自己的嗎？太不像樣了！」衛士說：「這還是租來的呢，他自己哪有房子！」華僑說：「這樣偉大的人物竟然連自己的房子也沒有！我們來想辦法。」他們拿出一筆錢，買了莫利愛路二十九號一所樓房給孫中山住。孫中山說：「不可不可！我怎能接受這樣的重禮？」經他們一再懇切勸說，孫中山才搬了過來。但後來這房子也一再抵押給銀行，借款作革命經費。孫中山夫婦在這裏住了一段日子，過着儉樸的生活。

護國運動後，在中國形成軍閥割據的局面，中華民國仍是空有其名。掌握軍政大權的段祺瑞繼承了袁世凱的全部政策，廢棄臨時約法，拒絕召開國會。孫中山認為這樣一來，「數十年革命事業的成績，完全被推翻」，這是萬萬不能容忍的。所以1917年孫中山南下廣州，組織

知識門

段祺瑞：

（1865～1936），北洋院系軍閥首領，安徽人，曾留學德國學習軍事，回國後協助袁世凱創立北洋軍。袁死後，他在日帝支持下以國務總理身分把持北洋軍閥政府。

「護法軍政府」，發起護法運動，並親任大元帥，率領粵、桂、湘三省聯軍與北洋軍交戰。但是孫中山所借助的西南軍閥力量只知道爭權奪利，無心北伐護法。孫中山只得辭職回上海。護法運動的失敗使孫中山內心非常苦悶，他看到辛亥革命後，只是「消除了滿洲一家的專制，卻轉生出無數強盜的專制，比以前更毒，百姓的日子就更加難過了。」這使他認識到：所有大小封建軍閥都不可能幫他實現共和國的理想。那麼，革命該如何進行下去呢？

一年多的時間內，孫中山在上海深居簡出，苦心研究，發憤著書，寫出了二十多萬字的《建國方略》，從理論上總結幾十年革命的經驗教訓，提出一整套建立共和國的理論和方針策略。

孫中山是個永不言敗的人。1920年他重返廣州，想依靠粵軍陳炯明部隊再次發動護法戰爭。1921年，國會議決取消軍政府，建立正式政府，孫中山當選為非常大總統。正當孫中山意氣風發準備大舉進行北伐的時候，由他一手栽培的陳炯明卻是個陽奉陰違的野心家，在英美與直系軍閥策劃下竟在廣州

知識門

《建國方略》：
包括三方面內容：《孫文學說——知難行易的學說（心理建設）》、《實業計劃（物質建設）》、《民權初步（社會建設）》，於1919年6月公開出版。

縱兵**譁變**①，欲置孫中山夫婦於死地！

1922年6月14日那天，不斷有人向總統府報告陳炯明謀反的消息，孫中山不相信，說：「革命要為國家為民族，不為個人謀利。這是人所共知的，陳炯明為何要謀反？」夜裏十二點，又有報告說陳的部隊要在半夜一點鐘攻擊總統府，形勢危急，人們都勸孫中山趕快離開。孫中山回答：「我不走。即使陳炯明要叛變，他的部下也不會答應吧。他們如真的作亂，我身為大總統更有平叛的重任，要堅持戰鬥！」

一時以後，遠處傳來軍隊集合聲，孫中山要大家準備戰鬥。忽然，傳來了槍聲，孫中山叫醒了宋慶齡，要衛士護送她走。宋慶齡堅持要留下來吸引叛軍注意，勸孫中山走，說：「中國不能沒有你。」孫中山不肯，這時一顆炮彈打了進來，宋慶齡向衛士們使了個眼色，衛士們一邊一個夾起孫中山就往外衝。有人機智地帶上**夏布**②長衫、手杖、禮帽和眼鏡，把孫中山喬裝起來。他們離開總統府，在路上遭到幾個叛軍阻攔。一個衛士就說：「我母親病重，我們兄弟幾個只得深夜請醫生到家

---

① **譁變**：軍隊突然叛變。
② **夏布**：用薴麻的纖維織成的布，白色，多用來做蚊帳或夏季服裝，產於江西、湖南、四川等地。

去治病。」這才脫險逃到珠江口的永豐艦上。孫夫人化裝成農婦，在一隊衛士拚死保護下也逃出總統府，來到艦上與孫中山會合。孫中山在艦上率領各艦反擊叛軍，堅持了五十多天，最後終因寡不敵眾，被迫撤回上海。

陳炯明的叛變，是孫中山一生所遭受的、最慘重的失敗。他痛心地說：「清政府用重金買我的頭，沒有成功。而這次禍患生於肘腋，干戈起於肺腑，陳炯明卻差一點置我於死地。革命怎麼這樣難啊！」

這第二次護法運動的失敗，使孫中山的思想發生了重大的轉折。他曾向西方國家尋求真理，爭取歐美國家支持中國革命，但西方列強卻與中國的封建勢力勾結，扼殺革命力量。中國革命應該走什麼路呢？依靠誰的支持，與誰結同盟呢？他曾一度感到困惑。

1917年，俄國爆發了十月革命，列寧領導人民推翻沙皇專制統治，建立蘇維埃政權，並宣布廢除沙皇政府與東方被壓迫民族所簽訂的不平等條約，放棄帝俄在華的一切特權。俄國革命者的勝利使孫中山十分興奮，蘇維埃政權的國際主義精神又使孫中山非常感動。他真誠

歡迎十月革命，把它看成是人類的希望，從中看到中國革命應走的路。十月革命的影響下，1919年中國爆發了反帝反封建的五四運動，使孫中山看到了人民羣眾的巨大力量。1921年7月中國共產黨誕生，派代表李大釗等與孫中山討論「振興國民黨以振興中國」的問題。這一切對正在苦悶彷徨的孫中山是一種有力的幫助，他決定改組國民黨，同共產黨合作。

1924年是孫中山一生中極其重要的一年。1月在廣州召開了以改組為中心內容的國民黨第一次全國代表大會，孫中山是主席。會議確立了孫中山提出的「聯俄聯共扶助農工」三大政策，承認共產黨員以個人資格加入國民黨。孫中山並對三民主義作了新的解釋，這新三民主義是第一次國共合作的政治基礎。

第一次國共合作，標誌着孫中山革命事業的新時期：隨後他創立黃埔軍校，由蔣介石任校長，周恩來任政治部主任，培養了一大批素質高的軍政領導幹部，建立了革命的武裝力量。9月發表北伐宣言，指出此次北伐目的不僅是推翻軍閥，還要推倒軍閥背後的支持者帝國主義。

知識門

新三民主義：

民族主義——對外反對帝國主義，對內各民族一律平等；民權主義——建立為一般平民所共有，非少數人所得的民生政治；民生主義——直接分土地給農民，實行耕者有其田及節制資本。

正當孫中山滿懷信心要大展宏圖時，無情的病魔卻向他突然襲來——多年艱辛困苦的鬥爭生活使他積勞成疾，患上了肝癌。10月，馮玉祥在北京發動政變，推翻了曹錕、吳佩孚軍閥政權，之後邀請孫中山北上商量國事。孫中山決定冒險去一次。臨走前一晚，宋慶齡邀請了幾位朋友為他舉行了一個小小的生日會，慶祝他的五十八歲生日。這是孫中山平生第一次的生日會。第二天他們坐船北上。在天津碼頭上受了冷，孫中山的肝病復發了，他仍抱病到北京，但病情惡化，只得住進醫院。

馮玉祥：

（1882～1948），安徽人，軍人出身，北洋陸軍軍官。

經醫生多方搶救，但已是回天乏術。彌留之際，孫中山仍念念不忘革命，他口授了遺囑說：我進行國民革命四十年，目的在求得中國的自由平等，為此必須喚起人民大眾，並聯合世界上以平等對待我國的民族，共同奮鬥。最後他還號召：「革命尚未成功，同志仍須努力」。臨嚥氣前，孫中山使盡全力，斷斷續續地喊着：「和平……奮鬥……救中國……」

1925年3月12日，這位偉大的民主主義革命家與世長辭，為改革中國獻出了他的一生。

1929年5月，孫中山的遺體從北京移到南京，埋葬在他生前喜愛的紫金山上。每天有絡繹不斷的人羣，從世界各地來到莊嚴肅穆的中山陵園，憑弔和瞻仰這位聞名全球的革命偉人。

1. 孫中山的革命思想在後期發生了些什麼變化？

2. 孫中山的一生，有哪些方面是值得我們好好學習的？

大事年表

公元	年齡	事件
1866		11月12日（舊曆十月初六），誕生於廣東省香山縣（今中山縣）翠亨村。
1875	9歲	進私塾讀書。
1879	13歲	6月隨母親到美國檀香山哥哥孫眉家，進入意奧拉尼書院讀書。
1882	16歲	從意奧拉尼書院畢業，獲英文文法獎第二名。秋天進入阿湖書院讀書。
1883	17歲	奉父命自檀香山回國。同年去香港，進入拔萃書室讀書。
1884	18歲	轉入中央書院，受基督教洗禮。
1885	19歲	5月回鄉成婚。
1886	20歲	進入廣州博濟醫院讀書。
1887	21歲	2月轉入雅麗西醫書院深造。來往於香港與澳門，進行反清宣傳。
1892	26歲	7月以第一名的優異成績畢業於香港西醫書院，到澳門行醫，創設中西藥局。

公元	年齡	事件
1893	27歲	在澳門受同行排擠，搬至廣州，創設東西藥局。
1894	28歲	寫成《上李鴻章書》，與陸皓東去天津，主張改革救國，未被接見。去檀香山宣傳革命並籌款，組織第一個革命團體——興中會。
1895	29歲	回香港，設立興中會總機關。10月組織廣州起義，失敗後逃亡日本，在橫濱設興中會。
1896	30歲	10月到英國倫敦，被滿清駐英公使館誘捕，幸得英國老師康德黎營救脫險。
1897	31歲	在英國潛心研究與考察歐洲政治。7月從倫敦、加拿大到日本，結識各界人士。
1900	34歲	10月，第二次起義——惠州起義失敗。
1902	36歲	12月從日本去河內，成立興中會分會。
1905	39歲	在布魯塞爾、柏林、巴黎成立革命組織。7月到東京，8月召開中國革命同盟會成立大會，被推為總理。

公元	年齡	事件
1906	40歲	到南洋各地成立同盟會分會。10月從西貢到日本。
1907	41歲	5月至12月連續領導第三、四、五、六次起義,並親臨鎮南關指揮。起義均告失敗。
1908	42歲	3月及4月舉行的第七、八次起義也失敗,旅行南洋各地,籌募經費。
1909	43歲	11月從歐洲去美國,成立同盟會分會。
1910	44 歲	第九次起義——廣州新軍起義失敗。
1911	45歲	第十次起義——廣州起義失敗。10月10日,武昌起義成功,各省紛紛響應,宣布獨立。孫赴倫敦、巴黎與四國銀行團商談貸款事項,12月回國,任中華民國臨時大總統。
1912	46歲	1月1日在南京就任臨時大總統。3月公布臨時約法。4月間為了統一全國,辭去臨時大總統,讓位給袁世凱,受任全國鐵路督辦。8月,同盟會在北京改組為國民黨。

公元	年齡	事件
1913	47歲	3月從東京回上海，發動二次革命討伐袁世凱，失敗後經台北去日本。
1914	48歲	6月在東京成立中華革命黨，被選為總理。
1915	49歲	10月與宋慶齡女士在日本東京結婚。
1916	50歲	3月回上海，討袁護法。6月袁去世，黎元洪任總統。
1917	51歲	7月到廣州，當選為中華民國軍政府海陸軍大元帥，號召勘定內亂，恢復約法。
1918	52歲	護法運動失敗，5月辭大元帥職，去上海埋頭著書，寫成「孫文學說」。
1919	53歲	10月改組中華革命黨為中國國民黨。
1920	54歲	11月重返廣州，趕走桂系軍閥，光復廣州，恢復軍政府，再次發動護法。

公元	年齡	事件
1921	55歲	4月取消軍政府，改設中華民國政府。五月就任非常大總統，籌備北伐。
1922	56歲	北閥軍入江西。6月，陳炯明叛變，炮轟總統府，孫逃上軍艦討伐陳。8月返回上海。
1923	57歲	1月發表宣言，改組國民黨，提出「聯俄、聯共、扶助農工」政策，宣布黨章和黨綱。
1924	58歲	1月召開中國國民黨第一次全國代表大會，確定「聯俄、聯共、扶助農工」三大政策，解釋新三民主義，國共第一次合作。成立黃埔軍校。12月，扶病往北京和段祺瑞談判。
1925	59歲	1月間肝癌病勢加重，3月12日逝世於北京。
1929		遷葬於南京紫金山，稱為「中山陵」。

　　孫中山先生是一位偉大的先行者，他的夫人宋慶齡女士同樣也是一位偉大的女性，她畢生致力於少年兒童的文化教育福利事業，創辦的《少年兒童》是中國當時最早的兒童讀物之一，一直為小讀者喜愛。而孫中山先生也號召提倡在全國興建兒童教養院、兒童學校，發展兒童教育和福利事業。

下面是宋慶齡、孫中山有關兒童教育的著名語錄：

宋慶齡語錄：

- 有些事情是可以等待的，但是少年兒童的培養是不可以等待的。

- 兒童是我們的未來，是我們的希望，我們要把最寶貴的東西給予兒童。

- 對兒童要恪守我們的天職是我們的根深蒂固的傳統之一。

- 一切工作和努力的結果，歸根結底，應該使兒童的健康和福利得到改善，這是適用於每一個地方每一個人的生活的一條規律。

孫中山語錄：

- 要使孩子們自出生至成人，都能受到國家的教育。為了提高兒童的文化知識，普及兒童教育，不僅要辦小學，還要辦平民學校，普及全體人民的教育，讓成年人也知道普及教育的重要性。要提高全體人民的物質文化生活，使父母們都能安心讓孩子到學校裏受教育。

　　14歲的孫中山決定跟隨哥哥去檀香山，學習新知識，這是十分勇敢、偉大的「壯舉」，為什麼才14歲，但孫中山就會想到要出去見世面，而不是享受被家人照顧的少年生活呢？試着想一想，寫一寫。

少年的「大」決定